엄마 생각에 마음이 요동치는 책을 선물합니다

_____ 님께

_____ 드림

평소 가슴속에만 품고 차마 말하지 못한 두 마디

◆

어머니 존경합니다

어머니 사랑합니다

어머니 감사합니다

어머니 미안합니다

어머니 후회합니다

어머니 그립습니다

◆

이제는 가슴속에서 끄집어 내어 표현하세요
그래도 엄마는 왜 미안해 할까요?

마음이 요동치는 엄마 생각 50가지

엄마가 미안해

윤문원 지음

씽크파워

마음이 요동치는 엄마 생각 50가지
엄마가 미안해

초판 1쇄 인쇄 2012년 2월 10일
초판 1쇄 발행 2012년 2월 15일

지은이 윤문원
펴낸이 심윤희
디자인 이상진

펴낸곳 씽크파워
출판등록 2005년 10월 21일 제393-2005-15호
주소 경기도 안산시 상록구 반석로 44, @106-1802호
전화 031-501-8033
팩스 031-501-8043
이메일 yun259@hanmail.net

ISBN 978-89-957385-4-2 03810

ⓒ윤문원, 2012, Printed in Korea.

- 저자와 협의하여 인지는 생략합니다.
- 책값은 뒤표지에 있습니다.

> 여든여섯 살 나의 어머니와
> 이 세상 어머니와 자식들에게
> 이 책을 바칩니다

| 독자에게 |

잠시 후면 당신은

간절한 목마른 그리움으로,
어머니에 대한 추억과 회상에 젖어
새록새록 그 시절이 다시금 상기될 것입니다.
어머니에 대한 회한에 젖어 있다면
뼈저린 후회의 눈물을 흘릴 것입니다.

어머니는 자식이 자라고 열매 맺을 부드러운 '흙'이 되고
자식이 딛고 일어설 굳센 대지임을 알 것입니다.
어머니가 세상의 풍파에도 쓰러지지 않고
견디게 해주는 은은한 버팀목임을 느낄 것입니다.

자식을 슬기롭게 하기 위해,
약한 자식의 몸을 강하게 하기 위해,
낙심한 자식에게 용기와 힘을 주기 위해,
게으른 자식을 부지런하게 만들기 위해,
자식을 선과 광명의 길로 이끌기 위해,
어머니들이 펼친 무수한 역정을 보게 될 것입니다.

마음의 평화와 안식에의 희구로,
후회의 눈물과 새 출발의 맹세로서,
'마음의 고향'인 어머니에게 귀소하려 할 것입니다.
'어머니'란 단어에 얼마나 많은 뜻이 담겨있는지를 깨닫고
가슴속에서 '어머니'란 단어가 파동을 일으킬 것입니다.

윤문원

| 차례 |

독자에게 잠시 후면 당신은 · 6

제1부 사랑을 떠올리며

시간이 닿을 때까지 · · · · · · · · · · · · · · · · · 14
보리밥 · 24
그저 다 타면 좋은 거지 · · · · · · · · · · · · · · 27
노란 책가방 · 33
털실 스웨터 · 38
퉁소 소리 · 42
신병 · 46
똥물 · 49
자궁 · 53
엉아 · 56
엄마는 항상 미안해 · · · · · · · · · · · · · · · · 66

제2부 '어머니'라는 이름으로

떠나지 않을 거야 · · · · · · · · · · · · · · · 72
결코 숨기지 마라 · · · · · · · · · · · · · · · 76
일어서리라 · · · · · · · · · · · · · · · · · · · 82
그만 자자 · 86
하얀 선 · 90
꼽추 엄마 · 95
도라지꽃 · 99
뻥튀기 · 102
딸의 방 · 106
대학입시가 뭐 길래 · · · · · · · · · · · · · 110
그냥 엄마 · 116
보험설계사 · · · · · · · · · · · · · · · · · · · 120
성감별 · 124
뭔 소용이여 · · · · · · · · · · · · · · · · · · · 128
당신을 어머니라 부릅니다 · · · · · · · · 132

제3부 후회의 눈물을 흘리며

- 회한 · 136
- 외로움 · 141
- 딸을 찾습니다 · 145
- 유전자 검사 · 149
- 교도소 · 154
- 뉘 집 딸인지 · 158
- 자식 복 · 163
- 엄마도 여자다 · 166
- 정장 한 벌 · 170
- 병원비 · 175
- 대물림 · 180
- 변기 · 186
- 어머니 인상 · 190

세4부 그립고 보고픈

저승과 이승 · 194
꿈속의 어머니 · · · · · · · · · · · · · · · · · · · 200
머리카락 · 205
언청이 · 209
돈 봉투 · 215
인생역정 · 220
친정엄마 · 226
너는 알지 · 231
이별 연습 · 235
하늘에 계신 어머니께 · · · · · · · · · · · · 240
패밀리(Family)란 단어는 · · · · · · · · · · · 244

에필로그 내 생애 최고의 여행 · · · · · · · · · · · · · · · 246

제1부

사랑을
떠올리며

시간이 닿을 때까지

정원이 넓은 2층 집에 예순이 넘은 부부와 아흔 가까이 된 노모가 세를 들었다.

집주인이 세를 준 건 단지 돈이 필요해서가 아니었다. 아들 둘을 모두 결혼시키고 나자 주인집 내외는 부쩍 외로워졌고, 불 꺼진 2층을 볼 때마다 외로움이 골수에 사무쳤던 것이다.

솔직히 그럴 때마다 집주인 부부는 출가한 아들들에게 조금 서운한 생각이 일었다. 두 아들 모두 빈말이나마 함께 살자는 말을 하지 않았던 것이다. 주인집 내외는 두 아들을 모두 분가시킬 수밖에 없었지만 마음 한구석이 허전해지는 건 어쩔 수 없었다.

아내는 신혼부부에게 2층을 빌려 주면 어떻겠냐고 제안했다. 아기자기하게 새살림을 시작하는 신혼부부를 옆에서 지켜보며 사는 것만으로도 위안이 될 것 같다는 말이었다. 신혼부부가 된 제 자식이 있었지만 함께 살지는 못하는 아내의 안타까운 심정을 헤아린 남편은 두말없이 승낙했다.

그러나 아내의 애초 바람은 뜻대로 이루어지지 않았다. 집을 보러 오는 사람들은 대부분 연세가 지긋한 분들이었다. 신혼부부들이 같은 조건의 전세금이라면 주인의 눈치를 살피지 않아도 되는 아파트나 연립주택에 들어가기를 선호하기 때문이었다.

주인 부부는 결국 원래의 계획을 포기했다. 그 대신 고등학교 교사를 지내고 정년퇴직한 부부에게 전세를 주기로 했다. 부부는 아흔 가까운 노모를 모시고 있었다. 노모의 아들은 "무엇보다 정원이 넓어 노모가 답답해하지 않을 것 같군요"라며 매우 흡족한 마음으로 이사를 왔다.

주인집 내외가 엄청난 실수를 저질렀다는 것을 알게 된 건 그로부터 채 2주일도 지나지 않아서였다. 노모가 치매에 걸린 분이란 걸 전혀 알지 못했기 때문이다.

노모는 정원수 가지를 가위로 싹둑싹둑 잘라 버리기도 하고, 한밤중에 아들과 며느리를 향해 고래고래 악을 써 대며 욕을 하기도 했다. 심한 경우에는 현관 쪽으로 화분이 날아들기도 했다. 노모가 2층 베란다에서 화분을 던져 버린 것이다. 한 번은 집에 도둑이 들어왔다고 난리를 피우는 바람에 주인집 부부까지 잠에서 깨어 함께 소란을 떤 일이 벌어지기도 했다.

주인집 아내는 이사 오기 전에 미리 노모가 치매에 걸린 사실을 밝히지 않아 낭패를 보게 되었다며 2층에 따지러 올라갔다. 전세를 든 부부는 무조건 머리를 조아리며 양해를 구했다. 1주일에 서너 번씩 노모를 치매 환자 단기 보호 시설로 모시고 가는 만큼 크게 폐를 끼치는 일은 없을 거라 생각했다는 변명이었다.

회갑이 지난 아들은 아침마다 노모를 휠체어에 앉히고 산책을 했다. 아침 산책을 하루도 빠뜨리지 않는 주인집 남자는 세든 남자와 자주 마주쳤고, 어느 날은 함께 산책을 가기도 했다. 그러면서 차츰 그 집 형편에 대해 조금씩 알게 되었다.

어머니가 치매를 앓게 된 지난 5년 동안 그들 부부는 급기야 집까지 팔고 전셋집으로 옮기게 되었다고 했다. 그러면서 치매는 돈이 많거나 아예 없는 사람은 치료 받기가 쉽지만 중산층 가정에서는 가장 애를 먹는 질환이라고 했다.

생활 보호 대상자는 나라에서 지원해 주고, 경제적으로 넉넉한 사람은 비싼 요양소나 시설 좋은 병원을 이용할 수 있기 때문이었다. 1주일에 서너 번 치매 환자 보호 시설에 어머니를 모시고 가는 것이 그들 형편으로는 쉽지 않은 일이라고 했다.

2층에서는 날마다 노모 때문에 벌어지는 크고 작은 소란이 끊이지 않았다. 2층 부부의 딱한 사정을 잘 알게 된 주인집 부부는 고민 끝에 방음 시설을 설치했다.

그토록 어려운 생활을 하는 가운데에도 얼굴 한 번 붉히지 않고 노모를 보살피는 2층 부부에게 존경심을 갖게 된 주인집 남자는, 어느 날 아침 산책길에 세 든 남자에게 물었다.

"그 모진 상황에서도 자식 된 도리를 다할 수 있는 비결이 대체 무엇입니까?"

그러자 2층 남자는 진지하게 대답했다.

"제가 죽을 때까지, 아니 어쩌면 죽어서도 잊을 수 없는 어머니의 은혜가 있기 때문이지요."

그러면서 세 든 남자는 자신의 어머니에 얽힌 이야기를 들려주었다.

어머니는 콩 몇 톨을 낡은 편지 봉투에 싸서 소중하게 품고 다녔습니다. 어려운 일이 있을 때마다 콩을 꺼내어 들고 새로운 용기와 희망을 되찾고는 했지요.

당시 어머니 슬하에는 초등학교 3학년, 1학년인 두 사내아이가 있었습니다. 아버지는 마흔도 되지 않은 나이에 바다에서 사고를 당해 세상을 떠났습니다. 고깃배를 타며 식구들의 생계를 책임지던 아버지가 돌아가시자 가정 형편은 매우 어려웠습니다.

어머니는 주위 사람들로부터 자식들을 부잣집에 양자로 보내라는 말까지 들어야 했습니다. 그럴 때 어머니는 "제 뱃속으로 나온 자식을 누구에게 준다는 말입니까? 아이들 아버지가 저승에서 그 사실을 알면 제대로 눈을 감지도 못할 것입니다"라면서 다시는 그런 말을 꺼내지도 못하게 했습니다.

마침내 어머니는 고향을 떠나 아이들과 함께 도시로 떠나왔습니다. 아무런 연고도 없는 도시로 떠나온 세 식구는 무허가 판자촌에 자리를 잡았습니다. 어머니는 생계를 잇기 위해 험난한 생활전선에 뛰어들었습니다. 새벽에 집을 나서서 회사 사무실 청소를 하고, 낮에는 재래시장에서 좌판을 펼쳐놓고 장사를 했으며, 밤이 되면 식당에 나가 설거지를 했습니다.

그러다 보니 집안일은 자연히 초등학교 3학년인 맏이가 맡게 되었습니다. 고달픈 생활이 지속되는 가운데, 어머니는 잠잘 겨를도 없이 열심히 일했습니다. 그렇지만 생활은 여전히 어렵기만 했고, 어머니는 하루에도 열두 번씩 삶을 포기하고 싶은 생각이 들었지만 어린 자식들의 얼굴을 보며 마음을 다잡고는 했습니다.

어느 날 어머니는 냄비에 콩을 잔뜩 안쳐 놓고 집을 나서면서 맏이에게 메모를 써 놓았습니다.

큰애야, 냄비에 콩을 안쳐 놓았다. 콩을 졸여 오늘 저녁

밥반찬으로 해라. 콩이 불면 간장을 넣어 간을 맞추면 된다.
　엄마가.

　그날도 하루 종일 힘겨운 일에 시달리며 사람들로부터 자존심이 상하는 말까지 듣게 된 어머니는 삶의 의욕을 잃어버린 채 무거운 발걸음으로 집으로 돌아왔습니다.
　두 아이는 좁은 방에서 서로 부둥켜안고 잠들어 있었는데, 머리맡에 맏이가 어머니에게 쓴 종이쪽지가 놓여있었습니다.

　어머니가 적어 놓은 대로 열심히 콩을 삶았어요. 콩이 물렁물렁해졌을 때 간장을 붓고 졸였어요. 저녁 반찬으로 삶은 콩을 내 놓았는데 동생은 너무 짜서 못 먹겠다며 맨밥을 물에 말아먹고 잠들었어요. 어머니가 일러주신 대로 콩을 삶았지만 제가 먹기에도 너무 짜더군요. 어머니, 제가 삶은 콩 한 알만 드셔 보세요. 그리고 내일 아침에 저에게 콩 삶는 법을 가르쳐 주세요. 아무리 이른 시간이라도 좋으니 나가시기 전에 꼭 저를 깨워 주세요. 어머니, 몹시 피곤하시죠? 저는 알아요. 저희 때문에 어머니가 얼마나 고생하시는지…. 정말 고마워요. 제발 몸조심하세요. 시간이 늦었으니 저 먼저 잘게요. 어머니도 편히 주무세요.

어머니는 아이들이 잠든 머리맡에 앉아 맏이가 너무 졸여 놓아 짜디짠 콩자반을 두 손으로 받쳐 들고 눈물범벅이 된 채 한 알 또 한 알 콩을 삼켰습니다. 그러고는 무릎을 꿇고 기도했습니다.

"아아, 저 어린 것들이 그토록 열심히 살려 하고 있습니다. 저도 두 아이들을 희망으로 삼아 열심히 살아가겠습니다."

도시 생활에 지친 어머니는 어린 자식들을 데리고 고향으로 돌아갔습니다. 어머니는 배가 들어오는 부두로 나가 생선을 받아 파는 일을 시작했습니다. 돈벌이는 역시 신통치 않았습니다. 어머니는 생선이 담긴 함지박을 머리에 이고 이 동네 저 동네 돌아다니며 억척스럽게 생선을 팔았습니다. 그것은 몸이 왜소한 어머니에게는 정말이지 너무나 힘겨운 일이었습니다. 자식들이 보기에도 어머니가 그 무거운 함지를 머리에 이고 다니는 게 신기할 정도였습니다.

어머니가 갖은 고생을 하며 벌어들이는 수입으로 생활할 수밖에 없었으니 끼니를 때우기도 힘든 형편이었습니다. 식사를 하면서 한 번도 제대로 양껏 먹어 보지 못한 어린 동생은 먹을 것만 보면 체면 차리지 않고 달려들기 일쑤였습니다. 맏이도 겉으로 드러내지 않았을 뿐 배가 고픈 건 동생이나 마찬가지였습니다. 아무리 철이 들었다지만 배고픈 것까지 참을 수는 없었습니다.

형제가 생각하기에 참 이상한 일이 있었습니다. 어머니는 식사 때마다 언제나 밥을 반 그릇씩 남기는 것이었습니다. 자식들 밥그릇과 크기도 같고 밥을 퍼 담은 분량도 똑같은데 말입니다. 더 이상한 건 그렇게 남긴 밥을 절대로 자식들에게 주지 않는다는 것이었습니다. 동생이 그렇게 먹고 싶어서 숟가락을 들고 달려들어도 조상님을 위해 뿌릴 것이라며 얼른 상을 치워 버렸습니다. 그때마다 숟가락을 들고 어머니 앞으로 달려갔던 동생은 소리 높여 울음을 터뜨리곤 했습니다.

　　그러던 어느 날 아침이었습니다. 평소보다 조금 적은 양의 식사를 하던 때였습니다. 어머니께서 남긴 밥을 절대로 주지 않는다는 것을 잘 알고 있던 동생이 그날은 유난히 악착을 떨며 어머니가 남긴 밥을 탐하는 것이었습니다. 어머니는 여느 때처럼 급히 상을 들고 일어났습니다. 동생도 만만찮았습니다. 동생은 상다리를 죽기 살기로 붙들며 어머니의 밥그릇을 낚아채려 발버둥을 쳤습니다.

　　그 바람에 상을 든 어머니의 몸이 한쪽으로 기우뚱하면서 밥그릇이 엎어져 버렸습니다. 그런데 어머니의 밥그릇 속에서 쏟아져 나온 건 밥이 아니라 큼지막한 무 토막이었습니다. 방바닥으로 튕겨져 나온 무 토막을 본 어머니의 얼굴에 낭패감이 어렸습니다. 밥그릇 깊숙한 곳에 쑥 들어가 밥이 많아 보이게끔

사랑을 떠올리며

모양을 내어 깎은 그 무 토막 위에는 밥알이 몇 알만 붙어 있었습니다.

어머니는 형제를 부둥켜안고 한참 동안 눈물을 흘렸습니다. 어머니는 "이 지긋지긋한 가난을 벗어나기 위해서는 어떤 일이 있어도 열심히 공부해야 한다" 하면서 당부를 했습니다. 어머니는 생선 장사 외에도 과일 장사, 고추 장사, 마늘 장사 등을 닥치는 대로 하며 자식들 뒷바라지를 했습니다.

맏이가 중학교를 졸업하자 외할아버지는 "먹을 것도 없는데 공부가 다 뭐냐? 고생하는 네 어머니 생각도 좀 해라" 하며 철공소로 데려갔지만, 뒤늦게 이 사실을 알고 득달같이 달려온 어머니는 어떤 일이 있어도 자식들을 공부시킬 것이라며 맏이의 손을 이끌고 철공소를 나왔습니다. 맏이를 고등학교에 진학시킨 뒤에도 어머니는 행상과 삯바느질과 온갖 일을 닥치는 대로 했습니다.

그렇게 두 자식을 도시에 있는 대학으로 보낸 어머니가 고향에서 홀로 지내던 때였습니다. 맏이가 방학을 맞아 고향으로 내려갔는데 어머니가 계셔야 할 단칸방이 텅 비어 있었습니다. 친척과 동네 사람들 누구도 어머니의 행방을 몰랐습니다.

백방으로 수소문한 끝에 찾아낸 어머니는 아무도 모르는 곳에서 식모살이를 하고 있었습니다. 다달이 부쳐준 학비는 어머니가 허리가 휘도록 남의 집 식모살이를 하고 받은 한숨이며 고통이었습니다. 이렇게까지 하면서 없는 살림에도 불구하고 두 아들을 남부럽지 않게 키운 강인한 어머니였습니다.

대화를 나누던 두 사람의 눈가에 뜨거운 눈물이 흘러내렸다.
"이런 어머니를 제가 어떻게 잊을 수 있겠습니까? 제가 치매에 걸린 어머니를 이렇게 보살피는 것은 어머니의 은혜에 조금이라도 보답하라는 하늘의 뜻이라고 생각합니다."
햇볕이 따스하게 내리쬐는 봄날, 휠체어에 앉은 아흔을 앞둔 어머니와 머리에 희끗희끗하게 서리가 내린 아들이 도란도란 이야기하는 모습은 마치 정다운 연인이 대화를 나누는 것 같았다.
"어머니 봄이 한창이네요. 화창한 날씨처럼 어서 어머니 병이 나아 예전의 인자하고 자상한 모습으로 돌아왔으면 좋겠어요."
아들은 어머니가 이 세상에 머무는 시간이 다할 때까지 어머니를 보살피는 일을 마다하지 않으리라 다짐한다.

보리밥

70세 대기업 CEO가 '무상급식'에 대하여 사회적 논란이 일자 자신의 중학 시절 도시락에 얽힌 사연을 회상한다.

아들이 중학교에 입학하여 도시락을 싸가게 되었다. 집안 형편이 어려웠던 시절이라 변변한 반찬은커녕 쌀밥도 싸 줄 수 없는 형편이었다. 집에서는 늘 새까만 보리밥을 먹었다. 하지만 아들은 반 친구들과 함께 먹는 도시락인지라 내심 쌀밥과 나름대로의 반찬을 기대했다.

아들은 점심시간이 되자 어머니가 싸준 도시락 뚜껑을 열었다. 그런데 이게 웬일인가! 주위의 친구들은 거의 흰 쌀밥이었는데 자신의 도시락은 쌀이 약간 섞여있는 까만 보리밥이었다.

거기에다 반찬은 김치라서 보리밥에 김치 국물이 흘러 범벅이 되어있었으며 가방 속까지 온통 젖어 김치 냄새가 났다. 다른 아이들의 반찬은 계란, 장조림, 콩자반도 있었다.

아들은 친구들에게 부끄러웠다. 도시락 뚜껑을 열자마자 다시 덮고 교실을 빠져나와 점심시간 내내 운동장을 천천히 걸으면서 생각했다.

'보리밥을 먹는 것이 뭐가 창피해…. 도시락을 꺼내어 당당하게 먹을 걸….'

교실로 다시 돌아오니 친구들은 도시락을 다 먹은 뒤라 혼자 꺼내어 먹기도 서먹해서 도시락을 먹지 않았다.

집으로 돌아왔다. 어머니는 왜 도시락을 먹지 않았느냐고 물었다. 아들은 자초지종을 이야기하고 이제부터는 평소 집에서 먹는 꽁보리밥을 싸주더라도 당당하게 먹을 것이라고 말하고 싶었지만 배가 아파서 먹지 않았다고 대답했다. 어머니는 더 이상 묻지 않았다.

다음날 점심시간에 아들은 친구들에게 보리밥 도시락을 자랑이라도 하듯이 당당하게 도시락 뚜껑을 열었다. 그런데 이게 웬일인가! 보리밥이 아니라 반들반들 빛나는 흰 쌀밥이었다. 거기에다 계란말이도 있었고 멸치볶음도 있었다. 아들은 어머니의 깊은 배려에 울컥하면서 다시 도시락 뚜껑을 덮었다. 도저히 먹을 수가 없었다.

집으로 돌아왔다. 어머니는 왜 오늘도 도시락을 먹지 않았느냐고 하면서 아직도 배가 아프냐고 물었다. 아들은 어머니 얼굴을 가만히 쳐다보았다. 그러면서 어머니 품에 안겨 얼굴을 묻고 울음을 터뜨렸다. 어머니도 울먹이면서 말했다.
"그래, 내 다 안다. 네 마음을…."

그저 다 타면 좋은 거지

아들은 산골에서 태어났다. 아들이 네 살 때 아버지는 가난과 외로움을 어머니에게 물려주고 다시는 돌아올 수 없는 강을 건넜다. 어머니는 초등학교를 졸업하고 시골에서 생활했지만 외할아버지 밑에서 엄한 가정교육을 받은 분이었다. 형제자매가 없는 외아들은 홀어머니 밑에서 자랐다.

이른 아침, 시계 바늘처럼 정확한 어머니의 칼도마 소리가 들리면 아들은 잠에서 깨어 하루 일과를 시작했다. 초등학생인 아들을 학교에 보내고 난 다음에 어머니는 읍내로 행상을 나갔다.

산골의 낮은 짧고 밤은 길었다. 해가 붉은 노을을 토해낼 즈음 산골은 어둠에 휩싸였다. 칠흑 같은 밤이었다. 전기가 들어오지 않는 산골의 밤은 별빛만 총총히 빛날 뿐이었다. 어머니와 아들이 바깥에 멀리 떨어져 있는 화장실에 갈 때면 간솔 불을 들고 나가야 했다.

밤이면 침침한 호롱불을 사이에 두고 아들은 공부를 하고 어머니는 실밥 보푸라기와 실랑이를 벌이며 삯바느질을 했다. 아들은 어두운 호롱불 아래서 바늘에 실을 꿰는 일을 도와드렸다 그러다가 등잔을 넘어뜨리기라도 하면 온 바닥에 석유 냄새가 진동했다. 이렇게 하다가 아침에 일어나 보면 호롱불의 그을음 때문에 코밑이 새까매진 모습을 서로 쳐다보고 웃곤 했다.

구김살 없는 성격을 가진 아들은 어머니 말을 잘 따르고 집안의 소소한 일도 도우면서 묵묵히 공부했다. 아들의 소원은 밝은 전깃불 아래에서 공부하는 것이었다. 아니면 촛불 아래에서라도 공부하고 싶었다. 아니면 호롱불 심지라도 올려놓고 공부하고 싶었다.

어머니는 바느질을 하면서 호롱불을 아들 쪽으로 밀어주었지만 그것은 반딧불과 같은 까물거리는 답답한 불꽃이었을 뿐이었다. 이 호롱불을 아들이 조금이라도 키울라치면 어머니는 눈을 부릅뜨면서 말렸다. 행상을 나갔다 들어오면서 소주병에 사오는 등유를 조금이라도 아끼기 위해서였다.

    어머니가 집에서 촛불을 켜는 것은 아버지 제삿날과 음력 섣달 그믐날이었다.

    아버지 제삿날이었다. 아들은 제사상 위에 환하게 밝혀져 있는 촛불을 황홀하게 바라보고 있었다. 제사가 끝나자 어머니는 남은 초를 종이에 싸서 서랍에 넣어두었다.

    다음날, 어머니가 행상에서 아직 돌아오지 않았을 때 서랍에 넣어둔 초가 생각난 아들은 초를 꺼내어 불을 댕겼다. 방안에 빛이 퍼지면서 그윽한 정감이 흘렀다. 호롱불에 비하여 환하게 타오르는 촛불은 눈을 시원하게 해주었고 책을 펼치자 머리에 쏙쏙 들어오는 것처럼 느껴졌다. 어머니가 행상에서 돌아왔다. 어머니는 소리를 지르며 맨손가락으로 뜨거운 촛불을 꺼버렸다.

    "나중에 쓰려고 두었던 양초를 켜다니…."

    어머니에게서 큰소리를 들은 것은 그때가 처음이었다. 그리고 어머니의 목소리는 점점 잦아들면서 물기가 가득했지만 촛불을 꺼버려 캄캄했기 때문에 아들은 어머니의 눈물을 볼 수 없었다. 아들은 어둠 때문에 어머니의 눈물을 보지 않아 다행이라고 생각했다.

    섣달 그믐날 밤이었다. 어머니는 머리를 곱게 빗고 정결한 옷으로 갈아입었다. 막 자정을 넘어 설이 시작되려는 시간, 함지박에 쌀을 담아 거기에 있던 양초들을 모두 꽂아 놓고 불을 밝혔다. 촛불들이 저마다 불꽃을 너울거리며 제 몸을 살랐고, 어머니는 그 초들이 다 탈 때까지 가만히 앉아 열심히 혼잣말을 중얼거렸다. 누군가에게 어머니 나름대로 간절한 기도를 하는 것 같았다. 어머니의 기도 내용은 알아들을 수 없었지만 중얼거림 속에서 가장 많이 거론되는 것이 자식인 자신의 이름이었다. 초들이 다 타고 어머니의 기도가 끝나자 평소에 그렇게 초를 아끼다가 그냥 초를 태우는 것이 궁금해진 아들이 물어 보았다.

"초를 태우면 뭐가 좋으세요?"

그러자 어머니는 담담하게 대답했다.

"그저 다 타면 좋은 거지."

묵은해를 보내고 새해를 맞는 첫 시각에 촛불을 밝혀 자식의 무사와 행복을 빌던 어머니… 자신의 몸을 태워 자식의 앞길을 밝히는 촛불과도 같은 어머니의 마음을 안 것은 세월이 한참 흐르고 난 뒤였다.

아들이 초등학교 6학년 때에 이 산골마을에도 전깃불이 들어왔다. 반짝반짝 환하게 켜진 전깃불은 환상적이었다.

아들은 고등학교를 졸업하면서 가난이라는 한계를 실감하고 대학 진학 문제를 고민했다. 어머니가 아들을 조용히 불렀다.

가난에 굴복해서는 안 돼.
공부라는 건 다 때가 있는 거야.
돈으로 물려준 재산은 도둑맞아 잃어버릴 수도 있지만
머릿속 재산은 남이 도둑질할 수도 없어.

"가난에 굴복해서는 안 돼. 공부라는 건 다 때가 있는 거야. 돈으로 물려준 재산은 도둑맞아 잃어버릴 수도 있지만 머릿속 재산은 남이 도둑질할 수도 없어. 등록금 걱정은 하지 말고 대학에 가도록 해라."

어머니의 이 말은 아들에게 있어 평생을 담금질하는 채찍이 되었다. 아들이 대학에 합격하자 어머니는 땀만큼이나 꾹꾹 눌러 모은 등록금을 내밀었다. 어머니는 촛불 켜는 것마저 아껴가면서 아들의 대학 등록금 준비를 했던 것이다. 아들은 목구멍에서 뜨거운 열 덩어리가 올라오는 것을 느꼈었다.

이제 50대에 접어든 아들은 그 당시 어머니의 사랑을 가슴 깊이 새기면서 팔순 노모를 정성껏 모시고 살아가고 있다.

노란 책가방

시골의 작은 초등학교에 다니는 딸이 4학년이 되었다. 서울에서 전학 온 은행 지점장의 딸이 짝이 되었다. 짝은 개나리꽃보다 더 샛노란 비닐 책가방을 들고 다녔다. 딸은 천으로 만든 자신의 낡은 책가방이 창피했다.

딸은 그 노란 책가방을 부러운 눈으로 바라보았다. 그 책가방을 들고 다니면 저절로 공부도 잘될 것 같았다.

딸은 어떻게 해서든 노란 책가방을 가지고 싶었다. 집안 형편상 뻔히 안 되는 줄 알면서도 행여나 싶어 아버지와 엄마에게 노란 책가방을 사 달라고 졸라 보기로 했다.

딸은 학교 수업을 마치고 시골 장터에서 손수 키운 채소를 팔고 있는 엄마에게 갔다. 아직 얼마 팔지 못한 채소 다발이 쌓여 있었다.

"시금치 사요. 맛있는 시금치에요."

엄마는 풀물이 들은 손으로 채소 다발에 물을 끼얹으며 소리치고 있었다. 엄마는 딸을 보자마자 말을 건넸다.

"무슨 일이 있는 거야. 창피하다고 얼씬거리지도 안했잖아."

딸은 머뭇거리며 말을 꺼냈다.

"엄마, 내 짝이 새로 서울에서 전학을 왔는데 책가방이 너무 좋아요. 나도 그런 책가방을 들고 다니면 공부도 더 잘 할 수 있을 것 같은데…."

그러나 엄마는 그에 대한 대답은 하지도 않고 딸의 등을 떠밀며 집으로 보냈다.

"어서 가서 아버지께 밥상 차려 드리고 너도 밥 먹어."

딸이 집으로 돌아오니 아버지는 부러진 고추 포기를 가느다란 막대기에 세워 실로 감아 주고 잎을 쓰다듬어 주고 있었다.

"귀여운 내 새끼 공부 많이 하고 왔어?"

딸은 시큰둥한 표정을 지으며 건성으로 대답을 했다.

"예."

딸의 얼굴 표정을 보고 아버지가 캐물었다.

"왜 그래? 학교에서 무슨 일이 있었어? 누구하고 싸움박질 했어?"

"아니에요."

"그러면 왜 그래? 말을 해야 알지."

딸은 자초지종을 늘어놓으며 아버지에게 책가방을 사달라고 졸라대기 시작했다. 아버지는 깨밭을 가리키며 말했다.

"참깨 털면 그까짓 거 못 사줄까 봐. 걱정 말아."

딸은 참깨를 털 가을까지 기다리기가 힘들었지만 할 수 없었다. 그렇게 몇 달이 지나갔다. 딸은 활짝 핀 깨꽃을 보며 빌고 또 빌었다.

"빨리빨리 깨가 많이 달리게 해주세요."

딸이 그렇게 애타게 기다리던 가을이 왔다. 그런데 이게 웬일인가! 장대비가 몇날 며칠을 퍼붓더니 깨밭이며 원두막을 싹 쓸어버렸다. 깨밭은 형체도 없이 사라지고 온통 진흙 구덩이가 되었다. 아버지와 엄마는 하늘만 쳐다보고 있었고, 새 책가방을 애타게 기다리던 딸은 멍한 표정으로 철퍼덕 주저앉으며 말했다.

"내 책가방…"

엄마는 여름 한철 땡볕에 말린 고춧가루를 함지박에 이고 장사에 나섰다. 해가 떨어질 무렵 딸은 동네 어귀에서 놀고 있었다. 지는 해에서 뿜어내는 희미한 노을 속으로 엄마의 모습이 보였다.

엄마의 함지박 위로 노란 책가방이 둥둥 떠오르는 것을 보고 딸의 눈은 휘둥그레졌다. 엄마가 목이 부러져라 하고 고춧가루를 이고 갔던 함지박에 생활용품을 담고 그 위에 노란 책가방을 얹어 걸어오고 있었던 것이다.

그날 밤, 딸은 책을 가득 넣은 노란 책가방을 손에 들고 좁은 방을 몇 십 바퀴나 돌았다.
엄마는 밤에 자면서 "아이고 다리야" 하는 신음을 내뱉었다. 옆에서 주무시던 아버지는 엄마의 알통 벤 다리를 주먹을 쥐어 두드리고 손으로 주무르며 마사지를 했다.

그 노란 책가방이 새우처럼 휜 엄마의 허리를 더욱 휘게 만들었고, 다리의 고통과 바꾼 인내의 선물이었다는 것을 철없는 딸은 한참 세월이 지나서야 깨달았다.
'세상에서 제일 먼 길이 머리에서 가슴으로 가는 길이다.'
이처럼 딸의 가슴으로 엄마의 마음을 느끼는 일은 그렇게 오래 걸렸다.

노란 책가방이 새우처럼 휜 엄마의 허리를
더욱 휘게 만들었고,
다리의 고통과 바꾼 인내의 선물이었다는 것을
철없는 딸은 한참 세월이 지나서야 깨달았다.
'세상에서 제일 먼 길이 머리에서 가슴으로 가는 길이다.'

털실 스웨터

아들이 가난한 어린 시절을 보낼 때, 엄마는 겨울에는 행상을 나가지 않고 일감을 가져와 손뜨개질로 스웨터를 떴다.
 엄마는 추운 겨울날씨에 먼 길을 걸어서 학교에 등교하는 아들을 보면서도, 으레 뜨개질을 하고나면 남은 털실이 있었지만 아들을 위한 벙어리장갑 하나 만들지 않았다. 하루는 완성된 스웨터를 본 어린 아들이 엄마에게 투정을 부렸다.
 "엄마, 나도 엄마가 짠 스웨터를 입고 싶어요."
 "안 된다. 내가 이 일을 하고 있는 동안에는 안 돼. 다른 사람들이 보면 털실을 빼돌려 자기 자식을 위해 짜 준 것으로 알 것 아니냐?"

　엄마는 항상 일감을 맡긴 곳에 완성된 스웨터와 남은 털실을 되돌려 주었다. 엄마가 그렇게 한 것은 자식에게 정직을 가르치기 위함이었다.

　아들이 중학교에 진학할 무렵이 되자 엄마는 고향을 떠나 도시로 이사를 했다. 엄마는 생활과 자식의 공부 뒷바라지를 위해 연탄 배달에 나섰다. 아들은 도시의 아이들과 어울려 잘 지내면서 공부도 열심히 했다.

　중학교 1학년 겨울방학이 되었다. 밖에서 친구들과 어울려 눈싸움을 한 아들이 저녁에 엄마를 조르기 시작했다.

　"나도 장갑 하나 사 줘요. 전에 끼던 장갑은 작아서 낄 수도 없어요."

　단칸방 구석에 쭈그리고 앉아 졸랐지만 엄마는 눈길 한 번 안 준채 부지런히 부업인 구슬들을 꿰고 있었다. 급기야 아들은 어떻게 해서라도 목적을 달성해 보려고 울먹울먹하는 목소리로 마구 지껄였다.

　"딴 애들은 토끼털장갑도 있고 눈 올 때 신는 장화도 있는데 난 장갑도 없어서 눈싸움도 못한단 말이에요. 애들이 나보고 엄마랑 연탄 배달이나 하래요."

　평소 시간이 나면 주위의 눈치를 살피지 않고 엄마의 연탄 배달을 돕는 착한 아들이 자신도 모르게 거짓말을 했다. 그 순간 엄마의 재빠르게 움직이던 손놀림이 멈췄다.

"누가 그랬어? 연탄 배달이 뭐 어떤데 그래? 내가 너더러 연탄 배달을 도우라고 했어?"

침착하면서도 노여움이 배어 있는 엄마의 목소리에 아들은 주눅이 들었다.

집밖으로 나와 눈 쌓인 골목길을 외투도 없이 걸으면서 후회하고 또 후회했다. 사실 그런 놀림을 받은 적도 없었고 밤낮으로 힘들게 일하시는 엄마를 슬프게 할 생각도 없었다. 단지 낮에 친구들과 눈싸움을 하다가 장갑이 없어서 손이 조금 시렸을 뿐이었다.

잠시 후 집으로 들어온 아들은 아무 말이 없었고 아들 역시 그랬다. 아들은 엄마를 속상하게 한 것을 용서받고 싶었지만 쑥스러워 그렇게 하지 못했다.

얼마 후 설이 돌아왔다. 설날 아침에 엄마는 아들에게 선물을 내밀었다. 손뜨개질로 만든 같은 색깔의 스웨터와 장갑이었다. 아들은 고개를 푹 숙인 채 선물을 받았다.

며칠 뒤, 아들이 친구들과 눈싸움 놀이를 마치고 언덕을 오르는데 저 만치서 연탄을 나르고 있는 엄마의 모습이 보였다. 아들은 스웨터를 입고 장갑을 낀 손으로 엄마의 목에 매달렸다. 아들은 엄마의 연탄 배달을 도우려 했지만 엄마는 한사코 말렸다.

아들은 엄마가 끼고 있는 장갑을 보는 순간 흠칫 놀랐다. 이 추운 겨울 날씨에 차디찬 연탄을 나르며 엄마는 냉기서린 고무장갑을 끼고 있었던 것이다. 아들은 엄마의 만류에도 불구하고 연탄 배달을 도왔다. 그런데 엄마와 같이 연탄 배달을 하는 아주머니가 자신이 입고 있는 스웨터와 같은 색깔의 스웨터를 입고 있었다.

아들은 엄마가 설날 선물로 준 자신이 입고 있는 스웨터와 끼고 있는 장갑에 대한 자초지종을 알게 되었다. 그것은 설날을 앞두고 연탄 공장에서 배달원들에게 준 선물이었다. 엄마는 자신이 받은 털실 스웨터를 아들을 위해서 다시 푼 것이었다. 구불거리는 실을 끓는 물에 김을 쏘여 곧게 펴고는 평소 솜씨로 한 올 한 올 뜨개질을 하여 아들의 스웨터와 장갑을 손수 떠주신 것이었다.
이와 같은 사정을 안 아들은 몸집이 커져 도저히 스웨터를 입을 수 없고, 손이 커져 손가락이 펴지지 않을 때까지 겨울마다 입고 끼고 또 입고 끼었다.

퉁소 소리

외동딸의 아버지는 총각 시절에 어머니 집 앞 민둥산에서 퉁소를 곧잘 불었다. 무슨 곡이었는지 모르지만 대나무를 깎아 만든 퉁소에서는 이 세상에서 가장 애달픈 소리가 났다.

    아버지의 퉁소 소리가 마을을 감싼 대나무 숲을 타고 울려 퍼지면 같은 동네에 살던 어머니는 그 퉁소 소리에 얼굴이 발그스레해져 부엌에서 공연히 찬물을 들이키곤 했다.

    아버지는 이렇게 퉁소 하나로 어머니의 마음을 사로잡았다. 진달래가 마음까지 붉게 물들이던 어느 해 봄날에 어머니는 들뜬 마음으로 아버지와 결혼했다.

이듬해에 어머니는 딸을 낳았다. 농토가 없었던 아버지는 고향에 처자식을 남겨두고 객지로 떠났다. 사람 만나기를 좋아했던 아버지는 천지사방으로 떠돌았다. 잘 되는 일없이 동분서주하던 아버지 때문에 편한 날이 없었다.

딸이 어릴 적 건설회사에 다닌 아버지는 중동의 사막으로 떠나 1년에 한 번 정도 집으로 돌아왔다. 아버지를 기다리는 동안 엄마는 손바닥만 한 마당에 나팔꽃 꽃씨를 뿌리고 분꽃을 가꾸고 하염없이 거기 앉아 있었다. 인고의 세월을 보낸 어머니였다.

딸은 흑문조 한 쌍을 사다가 마루에 두었다. 암컷과 수컷의 이름을 '문조'와 '문희'라 지었다. 어머니는 아침이면 큰 소리로 "문조야, 문희야!" 하고 불렀다. 하루 종일 그 이름을 부르고 또 불렀다.

어머니는 한이 많았다. 어려서 부모를 여의고 외삼촌과 함께 큰댁에 얹혀살면서 온갖 설움 속에 궂은일을 도맡았던 어머니였다.

신명이 많고 쾌활한 성품 때문에 어머니가 느끼는 마음의 고통을 딸은 눈치 채지 못했다. 하지만 가난과 마음속의 한은 어머니의 활달한 본성과 대범한 성품을 앗아가고 대신 눈물과 지병을 안겼다. 어머니가 앓아누워 있을 때 딸이 퉁명스럽게 물었다.

"엄마, 왜 입맛이 쓰다고 해요?"

어머니는 웃으며 대답했다.

"너도 내 나이 돼봐라."

어머니가 지병을 앓는 동안 아버지는 가끔 어머니 앞에서 퉁소를 불면서 어머니를 위로하였다. 어머니는 아버지의 퉁소 소리를 들을 때마다 처녀 시절 가슴 설레며 듣던 그 시절을 회상하는 것 같았다.

산딸기가 빨갛게 익어 갈 무렵 어머니는 지병을 앓다가 생을 접었다. 어머니의 한을 이해하지 못했던 딸은 어머니를 부르며 울음을 터뜨렸다. 그 울음에는 어머니를 잃은 슬픔과 함께 철마다 보내주던 먹을거리는 앞으로 어쩌나 하는 응석도 한 몫 했다. 나물, 무, 감자, 배추, 부추, 상추…. 사먹어도 얼마 되지 않고 때로는 받아 보면 다 시들어 있는 경우도 있지만 그것은 어머니의 사랑이었다.

딸은 어릴 적 어머니가 새벽이슬을 밟으며 밭에 갔다 오실 때 호박잎에 싸 가지고 온 산딸기가 생각났다. 어머니의 산소 주변에는 산딸기가 지천으로 널려 있었다. 딸은 어머니에게 말했다.

"엄마, 엄마가 나에게 따다 주시던 산딸기가 엄마 산소 가까이 널려 있어요. 엄마, 나에게 준 몫까지 많이 드세요."

선산에 어머니를 묻고 돌아설 무렵, 아버지는 외투 주머니에서 손때 절은 퉁소를 꺼내 불면서 그 애절한 가락으로 어머니를 다시 한 번 위로하였다.

신명이 많고 쾌활한 성품 때문에
어머니가 느끼는 마음의 고통을 딸은 눈치 채지 못했다.
하지만 가난과 마음속의 한은
어머니의 활달한 본성과 대범한 성품을 앗아가고
대신 눈물과 지병을 안겼다.

신병

아들은 찬 기운이 한창인 1월에 군에 입대하여 혹독한 6주간의 훈련을 받았다. 새벽 여섯시면 천근같은 몸 위로 울려 퍼지던 훈련소의 나팔 소리에 정신없이 군복을 껴입고 군화 끈을 졸라매고 연병장에 달려 나갔다. 열을 맞춰 달리는 구보 소리가 어슴푸레하게 밝아오는 연병장에 울려 퍼지면 훈련병인 아들의 고단한 하루가 시작되었다.

    사회와 떨어진 생활에 외로움도 느끼고, 가끔 한밤중에 불려 나와 어두운 밤하늘을 향해 '어머니의 은혜'를 소리쳐 부를 때면 자신도 모르게 뜨거운 눈물이 흘러내리곤 했다.

아들이 고된 훈련을 마치고 부대 배치를 받았다. 내무반 침상에 반쯤 걸쳐 앉은 채 선임자들의 입만 쳐다보던 이등병 시절에는 군대 생활에 적응하지 못해 여기저기서 욕을 먹으며 하루하루를 힘겹게 보냈다. 식사 때에는 정해진 시간으로 인해 허겁지겁 밥맛도 모른 채 밥을 먹었다.

얼마간의 시일이 지나 햇살이 너무나 따사로웠던 5월이 왔다. 여느 때와 다름없이 선임자들의 눈치를 살피며 식사를 하고 있는데 아들은 문득 오늘이 자신의 생일이라는 것을 깨달았다. 원래 내무반에서 미리 생일을 파악하긴 하지만 한참 훈련 기간이라 미처 아들의 생일을 챙겨 주는 사람이 없었다.

군에 들어와 처음 맞는 생일인데, 아무도 알아주지 않으니 서럽고 허전한 생각이 들었다. 혼자 PX에서 초코파이를 사 가지고 화장실로 가서 볼이 미어지게 베어 물었다.

'단 한 명도 축하해주지 않은 생일은 지금까지 한 번도 없었는데…'

그렇게 침울하게 생일을 보내고 내무반에 돌아왔는데, 내무반장이 편지를 전해 주었다.

"김 이병, 여자한테 편지 왔다. 애인이야?"

화들짝 놀란 아들은 얼른 편지를 받아보았다. 어머니에게서 온 편지였다.

사랑을 떠올리며

사랑하는 내 아들 읽어보아라.

힘들고 고생이 많지? 오늘은 네 생일이구나.

우리 아들 생일인데, 미역국에 따뜻한 밥 한 그릇 차려 줄 수 없어 많이 아쉽고 서운하네. 내가 오늘 밥상에 미역국 올려놓고 너 있는 곳을 향해 차려 놓았어.

밥상 앞에서 네 생각에 눈물이 나는구나. 많이 보고 싶다. 그래서 이렇게 편지로나마 내 마음을 전한다.

윗사람들한테 혼나지 말고 밥 잘 챙겨 먹고 건강해야 한다. 몸 성한 것이 제일이다. 생일 축하한다.

난생 처음 어머니로부터 받아 본 편지였다. 비뚤비뚤한 글씨에 눈물이 얼룩져있는 어머니의 편지를 보자 아들은 울컥하면서 눈물이 솟아올랐다. 서러운 눈물이 아니라 감동의 눈물이었다.

모든 것이 낯설고 힘든 그 시기에 어머니의 편지 한 장은 아들의 병영생활에 큰 힘이 되었다. 다른 병사들이 받는 열렬한 연애편지가 부럽지 않았다. 그렇게 어머니의 마음을 담은 편지는 아들이 제대하여 어머니 품으로 돌아오는 날까지 계속되었다.

아들은 지금도 군대에서 받은 어머니의 편지를 보관해 두고 있다. 그리고 가끔 생각이 날 때마다 꺼내서 읽고 또 읽곤 한다. 지금까지 아들이 받았던 그 어떤 편지보다도, 어떤 생일 선물보다도 어머니의 편지가 가장 소중하고 감동적이다.

똥물

가지 많은 나무에 바람 잘 날 없듯이 어머니는 다섯 남매를 기르는 동안 너무 많은 일들을 겪었다.

　가난한 남편을 따라 서울의 변두리는 다 돌아다니며, 결혼 생활 42년 동안에 셋방 셋집으로만 서른 한 번이나 이사를 다녔다. 설움 가운데 집 없는 설움이 으뜸이라는데, 아이가 둘만 딸려도 방을 내놓지 않으려고 하는 판에 다섯이나 줄레줄레 달고 이사를 다녔으니 끔직도 하고 장하기도 하다.

　게다가 아이들은 생김생김이 틀리듯 성격도 각각이어서 엄마 노릇이 더욱 어려웠다. 순하게 크는 아이, 자주 아프면서 까다롭게 크는 아이, 밤과 낮을 거꾸로 자면서 다 크도록 야뇨증이 심한 아이, 연년생으로 젖이 모자라 엄마 애를 태운 아이, 병원 가는 차 속에서 태어날 뻔한 아이, 이런 저런 자지레한 일들을 다 헤아릴 수도 없다.

며칠 전 큰아들이 집에 와서 "어머니, 아버지와 함께 여행을 다녀오세요" 하면서 봉투에 넣은 돈을 내밀었다. 어머니는 흐뭇한 표정을 지으면서 아들이 데리고 온 손자를 보며 가만히 지난 일들을 생각하니 대견스러운 생각이 들었다.

큰아들이 두 돌이 채 안된 38년 전의 어느 날, 지금은 번화한 주택가로 변했지만 그때 가족이 살던 곳은 드문드문 채마밭과 논뙈기가 깔렸을 뿐, 허허벌판이나 다름없었다. 그 논 가운데 군데군데 구덩이가 있었다. 항상 위험을 느껴 어머니는 각별히 아이들을 챙기고 꼭꼭 데리고 다녔는데 그날은 방 청소를 하느라고 잠깐 신경을 안 썼다.

한참 청소를 하고 있는데 큰딸이 "엄마! 아가가 없어졌어" 하면서 놀라 소리를 쳤다. 이 무슨 날벼락인가! 큰딸이 서있는 곳이 구덩이 옆이었다. 어머니는 미친 듯이 소리소리 지르며 뛰어가 약간 쿨렁쿨렁한 곳에 팔을 넣어 저었다. 아들아이가 손에 잡혔다. 끌어내 보니 숨을 안 쉬는 모양이 꼭 죽은 것 같았다.

논고랑 물이 흐르는 데로 가서 시커먼 똥물을 우선 닦아내고 손가락을 목구멍 깊이 쑤셔 넣고 자꾸자꾸 자극을 주었다. 아이는 삼킨 오물을 계속 쏟아내더니, 어머니의 손가락을 꽉 물었다. 그리고 "앙" 하고 소리를 내며 숨을 쉬었다.

어머니는 자신도 모르게 "살았다!" 하고 큰소리를 질렀다. 그랬더니 걱정스레 지켜보면서 물을 길어다 끼얹어 주던 마을 사람들이 일제히 환호성을 질렀다. 그 길로 아이를 안고 언덕을 넘어 병원으로 가서 응급처치만 하고 돌아왔다.

그런데 계속 병원에 다닐 형편이 못되어 다음부터는 약국에서 약을 지어 먹였다. 그것도 며칠간만 이었다. 아이는 채독으로 인해 아예 눈을 감은 채 가쁜 숨을 내쉬었고 고추 끝은 꽈리처럼 벌겋게 부어올랐다. 날이 갈수록 살아날 징조가 없어 보였다.

약국에서 약을 사다가 임시방편으로 삼다가 그나마 치료비도 더 장만할 길이 없었을 때 아버지는 삽을 움켜진 채 댓돌에 앉아 밤을 새웠다.

어머니가 남편인 애 아버지의 창자를 끊는 듯한 심정을 모를 리 있었겠는가?

'애가 행여 장님이라도 된다면 그 캄캄한 나날과 불행스런 삶을 어찌 감당해내며 살 것인가? 그럴 바에야 차라리 죽는 것이 낫겠고, 애가 숨을 멎으면 뒷산에다 묻을 수밖에…'

사랑을 떠올리며

그 애가 엉겅퀴 뿌리처럼 질기게도 살아 버텨서 이젠 마흔의 중년이 되어 1남 1녀의 어엿한 가장이 되었다.

돌이켜 보면 어머니가 지낸 결혼 생활의 내력 거지반이 '가난'과의 처절한 싸움이었다.

헐어빠진 운동화를 질질 끌며 웅변대회에 나가던 맏딸의 기억이며, 운동회 날 어찌어찌 하여 겨우 장만한 도시락을 들고 달려가 보니 점심시간은 지났는데 도시락 못 싸온 고아들 틈에 끼어 앉아 있던 세 자식들…. 어머니가 죽는 날까지 잊지 못하는 것은 그때 어린 자식들의 글썽글썽하던 눈망울이다.

어머니는 그때의 모진 가난함이 삶에 있어서 밝은 스승이 되었다는 느낌이 들었다. 왜냐하면 그 가난으로 하여금 삶의 의로움과 사람과의 정분을 배웠기 때문이다.

자궁

시골 논둑에 흐드러지게 진달래가 필 무렵 어머니는 할아버지가 손수 만든 꽃가마를 타고 시집을 왔다. 그때 처음으로 아버지 얼굴을 보았다고 훗날 자식들에게 말했다.

"어른들끼리 정한 일인데 얼굴이 얽은들 어쩌고 몸이 기운들 어쩌겠느냐? 그런데 가만히 눈을 떠보니, 앞에 훤한 장부가 서 있더라."

혼례를 치르고 결혼 생활을 하면서 어머니는 다섯 형제를 낳았다. 하지만 젊은 시절 아버지는 늘 집밖으로 돌았고, 자식을 키우고 교육시키는 것은 늘 어머니 몫이었다.

큰아들이 대학에 입학하여 한 달에 한 번씩 편지로 하숙비와 생활비 송금을 요청했다.

아뢸 말씀은 다름이 아니오라….

그러면 깊은 밤 어머니는 그 밤보다 깊은 한숨을 내쉬며 돈 걱정을 했다. 그러면서도 다음날이면 어머니는 언제 갚을지 모를 빚을 내 그 돈을 보내주었다. 그러면서 서툴지만 또박또박 편지를 써서 보냈다.

사랑하는 내 아들아 받아보아라. 집 걱정은 하지 말고 공부나 열심히 해라….

이러한 내용의 편지는 동생들이 형의 옷을 차례로 물려 입듯 이어졌다.
막내가 대학을 졸업할 때까지 어머니는 그 흔한 은반지 하나 손에 끼지 않았다. 이미 그때는 결혼을 한 자식이 있고 돈을 버는 자식이 있는데도 어머니는 한사코 거절하며 말했다.
"막내 공부 끝내 놓고…."
그런 막내가 대학을 졸업하고 취직이 되었을 무렵 어머니가 병원에 입원을 했다. 어머니를 진찰한 의사가 말했다.

"자궁 속에 자란 혹 때문에 자궁을 들어내는 수술을 받으셔야 해요. 수술 받으면 괜찮으니 걱정하지 마세요."

하지만 어머니는 남편과 자식들에게 단호하게 말했다.

"수술 받고 싶지 않다."

"어머니, 수술하면 괜찮다는데 왜 그러세요?"

어머니는 자식들 앞에 눈물을 보이며 말했다.

"저 세상에 가서도 너희들을 낳을 배야. 제발 수술 같은 것 받지 않게 해다오. 그냥 이대로 저 세상에 가고 싶구나."

어머니는 자신의 병이 자궁암인데 주위에서 속이는 것으로 알고 있었다. 어머니의 병은 자궁에 생긴 혹으로 수술로 제거만 하면 괜찮은 것이었는데도 말이다. 의사가 어머니에게 자세하게 병에 대해 설명을 한 다음에야 수술을 받게 할 수가 있었다.

어머니가 무사히 수술을 마치고 퇴원해서 집에 오자 자식들이 말했다.

"이 다음 저 세상에 가서도 우리가 이 세상에서처럼 차례로 어머니 뱃속에 들어가 있을 게요."

엉아

아들이 유년 시절을 보낸 추억의 공간은 주로 외가였다. 아버지와 어머니가 네 살 아래 남동생을 데리고 서울에서 빵집을 운영하여 외할머니 손에서 자랐기 때문이다.

아들이 초등학교 1학년 때에 아버지 사업이 심상치 않게 돌아가더니 결국 망하고 말았다. 아버지는 빚쟁이들에 쫓겨 어머니와 막내아들을 데리고 야반도주를 하여 큰아들이 있는 처가가 있는 곳으로 왔다.

그렇게 마련한 게 단칸방이었다. 부엌과 방을 같이 쓰다 보니 매일 아침 연탄가스를 마셔서 골머리가 아픈 그런 단칸방에서 가족은 새로운 삶을 시작해야 했다. 그러나 배고픔과 연탄가스는 그나마 견딜만했다. 어떻게들 알고 왔는지 날마다 찾아오는 빚쟁이들에게 멱살 잡힌 아버지의 모습을 보는 것은 정말 견디기 어려웠다.

아버지는 견디다 못해 매일 술을 마셨다. 집안 꼴이 말이 아니었다. 아버지는 툭하면 집을 나가서 며칠씩 안 들어오기가 일쑤여서 아버지란 존재는 집안에서 없는 것이나 마찬가지였다.

그러나 '여자는 약하지만 어머니는 강하다'는 말처럼 실의에 빠졌던 어머니가 먼저 정신을 수습하고는 자식들을 위해 발 벗고 나섰다. 코흘리개 두 아들을 위해 세상에 뛰어들어 막노동, 호떡장사, 삶은 계란 장사 등 닥치는 대로 일을 했다.

그렇게 어머니가 먹고살기 위해서 애를 쓰면 쓸수록 아버지는 술독에 빠져 살았다. 집안 형편은 더 나아질 기미를 보이질 않았다. 여자 혼자 힘으로 아이 둘을 뒷바라지한다는 것이 결코 쉬운 일이 아니었다.

아버지는 세상을 원망하고 폭언을 일삼았다. 예전의 자상한 모습은 온데간데없이 사라졌다.

그 와중에도 어머니는 희망의 끈을 놓지 않고 열심히 살았다. 그런 어머니 덕택에 가족은 굶지 않고 4년을 보냈다. 어느덧 큰아들이 초등학교 4학년이 되었다.

비가 부슬부슬 오던 어느 날이었다. 큰아들이 여느 때처럼 학교에서 돌아왔을 때였다. 주인집 아주머니가 다급하게 어머니의 사고 소식을 알려주었다.

"큰일 났어! 너희 어머니가 곧 죽을지도 몰라. 빨리 아버지를 찾아!"

어린 아들은 영문을 몰라 애가 탔다. 아버지는 한 번 집을 나가면 며칠씩 돌아오지 않고, 어쩌다 들어오면 무서워서 피하고 싶었으므로 아무리 다급해도 아버지를 찾아야겠다는 생각은 들지 않았다.

어머니는 사고가 나기 직전까지도 여러 가지 일들을 하고 있었다. 연탄 공장에서 연탄을 찍어 팔기도 하고 막일도 나갔다. 그런데 비가 오면 막일을 할 수 없었으므로 가까이 지내는 사람이 하는 일을 거들었다. 재래시장 안에 있는 튀김집의 일손을 돕는 것이었다.

그 튀김집은 장사가 잘되었다. 재료가 없어서 못 팔 정도였다. 그래서 어머니는 집에서 고구마와 각종 야채를 썰어 한 소쿠리를 이고 가면 얼마간의 돈을 받았다. 어머니는 한 푼이라도 더 벌려고 열심히 썰어서 급하게 갖다 주고는 또 일감을 가져와서 썰어서 갖다 주곤 하였다.

그날도 어머니는 그 일을 하고 있었다. 어머니는 많은 아주머니들이 신는 플라스틱 고무신을 신고 빗길을 분주히 오가며 일했다. 그런데 열심히 고구마와 야채를 썰어 그걸 이고서 튀김집으로 향하던 어머니가 튀김집 여닫이문을 여는 순간 물기 묻은 플라스틱 고무신이 미끄러져 그만 넘어지고 말았다. 그것도 하필이면 펄펄 끓는 기름 솥에 넘어져 그대로 그 기름을 뒤집어쓰고 말았다.

순간 어머니가 비명을 지르며 살려달라고 떼굴떼굴 시장바닥을 굴렀다. 비 오는 시장바닥을 구르는 어머니의 모습은 이미 사람의 모습이 아니었다. 너무 고통스러웠던 어머니는 스스로 옷을 뜯어낸다고 뜯어냈는데 옷을 뜯어낸 게 아니라 살을 뜯어내게 되었다. 그러자 어머니 손에 살이 한 움큼씩 뜯겨져 나왔다. 그렇게 한 시간쯤 있다가 병원으로 실려 갔다. 의사들이 장갑을 낀 채 응급조치를 한 후, 병실로 옮겨졌다.

큰아들이 집에 도착했을 때 이미 어머니는 병원으로 실려 간 뒤였다. 어린 형제는 부랴부랴 병원으로 향했다. 병원에서는 환자인 어머니의 보호자를 찾고 있었다. 아버지가 없으니 친척 중 누구라도 데리고 오라고 성화였지만 도와줄 형편이 되는 사람은 없었다. 형제는 고아 아닌 고아가 되고 말았다. 그때까지도 아버지가 어디 있는지 알 수도 없었다.

어린 아들은 너무 막막하고, 어리둥절할 수밖에 없었다. 엄마가 너무 아파서 죽을지도 모른다는 슬픔에 눈물이 마구 쏟아질

뿐이었다.

어머니는 온통 붕대에 감겨 있었다. 의사는 어린 아들을 보더니 보호자를 데리고 오라고 했다. 아들은 솔직하게 말했다.

"아버지는 어디 계시는지 모릅니다. 연락할 다른 가족은 없습니다."

그랬더니 의사는 혀를 끌끌 차면서 한동안 말을 잇지 못하더니 이윽고 말을 꺼내었다.

"네 엄마, 오늘밤을 못 넘기시겠다."

그 말을 듣는 순간, 아들은 무섭고 두려운 생각이 들었다. 가난하지만 엄마의 사랑으로 가정의 따뜻함을 알아가던 아들은 다시 외갓집에 버려질까 두려웠다.

아들은 병원바닥을 구르며 큰소리로 울기 시작했다. 어린 동생은 영문도 모른 채 "엄마, 엄마!" 부르면서 울었다. 형은 동생이 따라 우는 소리에 더 크게 울면서 의사에게 뛰어들어 떼를 썼다.

"우리 엄마 살려주세요."

그러자 의사도 울고, 모여 있던 많은 사람들도 모두 울었다. 병원이 온통 울음바다가 되어버렸던 것이다.

그날 밤은 그렇게 울면서 꼬박 새웠다. 동이 터 올 때까지 형제는 손을 꼭 잡고 숨을 죽이며 어머니 곁을 지켰다.

어머니가 튀김집 여닫이 문을 여는 순간
물기 묻은 플라스틱 고무신이 미끄러져
그만 넘어지고 말았다.
그것도 하필이면 펄펄 끓는 기름 솥에 넘어져
그대로 그 기름을 뒤집어쓰고 말았다.

이윽고 아침이 되었다. 그런데 어머니는 돌아가시지 않았다. 곧 돌아가신다던 어머니가 그렇게 하룻밤을 넘기더니 가는 숨을 이어가고 있었던 것이다.

그러나 만약 살아난다고 해도 외양이 너무 끔찍한 모습이라 정상적인 생활을 할 수 있을지도 의문이었다. 몸을 파고들던 나일론 옷을 뜯어내던 어머니의 손은 뼈가 다 보이고 양 허리 쪽엔 갈비뼈가 보일 정도로 살이 깊숙이 패여 있었다.

어머니는 그 후로도 며칠 동안 돌아가시지 않았다. 의식은 없는데 계속 호흡을 하고 있었다. 의사들은 기적이라고 하면서 최선을 다해 치료를 했다. 그 결과 어머니는 1주일 만에 의식이 깨어났다.

그때서야 소식을 들은 아버지가 어머니 곁으로 돌아왔지만 이미 술로 폐인이 되어 어디 가서 돈 한 푼 벌어올 수 없었고, 누구보고 도와달라고 할 수도 없는 형편이었다.

결국 온몸의 살이 썩어가는 어머니를 무조건 퇴원시켜야만 했다. 집도 단칸방 월세라 빼서 쓸 돈도 없었다. 어머니의 상태는 최악이었고, 자식들은 모두 어렸으며 아버지는 폐인이었다.

어머니의 온몸이 상처투성이였기 때문에 어떻게 해도 편히 누워있기가 힘들었다. 다행이 왼쪽 갈비뼈 부분의 상처가 그나마 나아서 늘 왼쪽으로 누워 지내게 되었다. 어쩌다가 실수로 조금만 돌아누워도 신음소리가 귀를 울렸다.

그렇게 어머니는 3년 동안을 병석에 누워 지냈다. 그동안 어머니는 여자로서 가장 수치스럽고 부끄러운 일을 당해야만 했다. 워낙 몸이 썩어 들어가고, 고름이 흘러서 실오라기 하나 걸칠 수가 없었던 어머니는 알몸으로 병석에 누워 있었던 것이다. 단지 대소변을 위해 기저귀를 찼다.

초등학생인 두 아들의 꼴은 말이 아니었다. 형제는 어머니를 챙겨야 했기에 어려서부터 사는 방법을 스스로 터득해야 했다. 연탄불 갈기, 밥 짓는 일도 문제없이 척척 해냈다. 동사무소에서 밀가루를 타오면 그걸 아껴가며 한 달을 연명하는 법도 배웠다.

3년 동안 어머니를 치료하며 유년 시절을 보낸 큰아들이 중학교에 진학하게 되었다. 현실이 너무나 힘들게 느껴졌던 큰아들은 농약을 마시고 자살할 결심을 했다. 그 순간 하나밖에 없는 동생이 눈에 밟혔다. 엄마가 사고를 당한 후 동생에게 형은 엄마이기도 하고 아버지이기도 하고 친구이기도 했다. 그래서 그 동생은 형을 부르는 호칭이 송아지가 엄마 부르듯이 "엉아~"였다.

동생이 불도 안 들어오는 뒷간에 가서 10초마다 "엉아~" 하고 부르면 형은 "알았어. 여기 있어. 냄새나. 빨리 나와!" 그러면 또 조금 있다가 "엉아~" 하고 형이 바깥에 있는지를 확인했다. 아침에도 "엉아~", 잠결에도 형을 뒤척뒤척 만지면서 "엉아~" 하고

사랑을 떠올리며

소리 냈다.

 짓궂은 동네아이들이 동생을 때리면 대신 혼내주던 엉아, 군것질거리 한 번 사주지 못한 엉아지만 그래도 부르면 대답해 주는 엉아, 그 엉아가 있어서 행복했던 동생이었다.

 그런 동생을 생각하자 형은 슬픔이 북받쳐 올랐다. 목 놓아 흐느끼던 형은 밤이 늦도록 울다가 결국에는 농약을 마시지 않고 돌아왔다.

 현실이 너무나 힘들어 교회에 나가기 시작한 큰아들은 어느 날 학교 수업을 마치고 저녁 늦은 시간에 습관처럼 교회에 들어갔다. 그때 누군가의 기도 소리가 들렸다. 중등부 선생님이었다.

 "학중이를 인도해 주십시오. 학중이의 가족을 지켜 주십시오."

 지금까지 그 누구로부터도 관심과 사랑을 받지 못하고 지낸 형은 순간 깊은 감동을 느꼈다.

 '저 분이 이 깜깜한 늦은 밤에 홀로 엎드려 내 이름을 불러가며 내 가정을 위해 기도하고 있구나.'

 큰아들은 자신을 위해 기도해 주는 그 마음에 보답하기 위해서라도 열심히 살아야겠다고 다짐하며 점점 삶의 희망을 찾기 시작했다.

 그럴 즈음 어머니가 조금씩 회복이 되면서 상처도 점점 아물어 갔다. 다행히 몸은 화상의 흉터로 일그러졌지만 다행히 얼굴은 화상의 피해를 입지 않았다. 활동하는데 별무리가 없을 정도가 된 어머니는 또다시 생활전선에 뛰어들었다.

아버지도 뭔가 깨달음이 있었던지 술을 끊고 예전의 모습으로 돌아와 생활전선에 뛰어들었다.

형은 신학대학을 졸업했다. 어린 시절의 시련이 단련의 과정이 되어 훌륭한 목사가 되어 어렵고 힘든 이웃들에게 용기와 사랑과 희망을 나누어주고 있다.

형은 화상으로 인해 남들에게 혐오감을 주지 않으려고 한 번도 대중목욕탕에 갈 수 없었던 어머니께서 대중목욕탕에 가보는 것이 소원이라는 말을 하시는 것을 들으면서 자랐다. 이러한 소원을 마음 깊이 깨달은 형은 자신이 목회하는 교회에 이동 차량 목욕탕을 완비해 불우한 이웃을 위한 목욕 봉사 활동을 펼치고 있다.

형제는 어려웠던 시절에 가정을 꾸리기 위해 강인한 정신을 발휘했던 어머니 은혜를 잊지 않으면서 부모를 보살피고 있다.

엄마는 항상 미안해

　　엄마는 만인에게 영원한 향수를 느끼게 하는 마음의 고향이며 안식처이자 피난처이다.

　　엄마는 생명의 원천이다. 자궁에서부터 탯줄로 이어지는 엄마란 존재는 마르지 않는 영원한 생명줄인 것이다.

　　엄마라는 낱말에는 인간의 온갖 아름다운 가치가 포함되어 있다. 사랑, 희생, 헌신, 희망, 정성, 수고, 노력, 지혜, 용기 등의 온갖 가치를 포함하는 정신의 저수지이다. 자식을 위해 스스로를 포기하고 희생하는 것을 미덕으로 알고 행해온 여성이다

　　당신은 엄마의 젖가슴에 파묻혀 젖을 빨던 그 시절이 기억나지 않을 것이다. 그러면 주변에서 엄마 품에 안겨 젖을 빠는 모습 속에서 무엇을 느끼는가?

엄마의 유방은 인류의 영원한 생명의 젖줄이다. 이 유방에서 흐르는 사랑의 젖을 먹고 자식은 성장한다.

인간은 가장 기쁠 때, 가장 슬플 때, 가장 위험할 때 그 마음 깊이 깔려 있던 근원적인 소리인 '엄마'를 외친다. 여자는 약하지만 엄마는 강하다. 약한 여자를 강하게 만드는 것은 모성의 정신이다. 그것은 바로 자식에 대한 깊은 사랑의 모성애가 본능적으로 출렁이기 때문이다.

엄마라는 말에는 이성보다는 감성, 이기심보다는 이타심을 상징하면서 근본적인 심성은 희생과 자애로 시종일관한다. 엄마 자신은 배가 고파도 자식 입에 넣어주는 것이 기쁨이다.

'가지 많은 나무에 바람 잘 날이 없다'는 말처럼, 자식을 둔 엄마의 마음은 잠시도 쉴 날이 없이 하찮은 작은 일에까지 그 마음을 내쏟는다. 그러기에 엄마에게는 편히 쉬는 시간, 기쁜 시간보다는 오히려 마음 아픈 시간, 근심 걱정되는 시간이 몇 곱이며 그만치 눈물이랑 근심이 마를 날이 없는 것이다.

엄마란 인간이 만나는 최초의 학교이자 스승이다. 엄마의 무릎은 아이의 학교이며 엄마의 말은 아이의 교과서이다. 엄마의 표정은 아이의 정신적인 영양소이다. 엄마의 사랑 그 자체보다 더 위대한 교사는 없다.

엄마는 자녀의 성격 형성에 결정적 영향을 미친다. 대개 남자들이 여자를 보는 눈의 근원적인 시각은 엄마를 보는 그 마음가짐 속에 있다.

엄마는 자식을 낳아서 기르는 것만이 엄마의 본분이 아님을 잘 알고 있다. 엄마의 소원은 자식들이 자라서 훌륭하게 되는 것이다. 이것이야말로 엄마의 가장 큰 보람이요, 영광이며, 자랑이다.

엄마가 가장 안타깝게 생각할 때는 자식이 충분한 재능이 있음에도 불구하고 뒷받침을 못해줄 때이다. 엄마는 자식을 사랑하는 동시에 옳게 가르칠 줄 아는 현모가 되기가 쉽지 않음을 안타깝게 생각하고 있다. 아이들이 커 갈수록 '내가 너무 무능한 것이 아닌가? 좋은 엄마가 되려면 아직 멀었구나' 하는 생각을 자주한다. 왜냐하면 자녀를 교육시키기 위해서는 정성과 지혜와 능력이 필요하기 때문이다.

엄마는 자식이 어느 날 서서히 자기를 내세우고 나설 때 대견스럽기도 하고 한편으로는 일종의 서운함을 느끼기도 하는 두 갈래 마음을 가지고 있다. 기르는 어미의 역할에서 지켜보는 어미의 자리로 물러설 수밖에 없을 때 안타까운 심정을 느낀다.

아버지는 자식에 대한 깊은 사랑을 감춘 채 기다리고 있다. 그러나 엄마의 사랑은 산소처럼 항상 자식 곁에 있다. 자식이 밤늦게 들어오지 않을 때 아버지는 대문을 쳐다보며 헛기침을 하지만 엄마는 문을 열어 놓고 졸면서 기다린다.

엄마라는 말 속에는 강물만큼의 사랑과 그만큼의 눈물이 들어 있다. 아버지의 눈물은 가슴 속에 고여 있지만 엄마는 눈물을 밖으로 내비친다. 엄마는 자식이 감동적인 행동을 하거나, 기쁠 때, 속상할 때, 슬플 때, 화가 날 때, 애처로울 때… 눈물을 흘린다. 이때 엄마의 눈물은 일곱 가지가 넘는 의미의 빛깔을 지닌 무지개가 된다.

엄마는 자식에게 사랑을 베풀고 베풀어도 더 베풀지 못해 항상 미안한 마음을 가지고 있는 사람이다.
엄마는 우리 인간의 과거와 현재와 미래를 통한 영혼의 가장 깊은 자리에 있는 샘물과 같은 존재이다.
'신은 모든 곳에 있을 수 없기에 엄마를 만들었다'는 말이 있듯이 엄마는 자식들이 풍덩 빠져 헤엄칠 수 있는 평온하고 안온한 바다이다.

사랑을 떠올리며

제2부

'어머니'라는 이름으로

떠나지 않을 거야

엄마는 철부지 두 아이인 여덟 살 딸과 다섯 살 난 아들이 있다. 엄마는 급성골수구성백혈병을 앓고 있다. 아들을 낳고 6개월 뒤 백혈병 선고를 받았다.

발병되면 언제 위험한 상황이 닥쳐올지 모른다는 급성백혈병으로 죽음의 문턱을 수없이 드나들었다. 계속되는 항암 치료와 그 부작용으로 하반신이 마비되고 방광 기능이 악화되어 소변 주머니를 배에 달고 살아가고 있다. 또 혈소판 수치가 떨어지는 병의 특성 때문에 엄마의 다리에는 언제나 커다란 멍이 남아 있다.

엄마는 열정적인 연애로 결혼을 했지만, 남편은 병에 걸린 아내에 대해 점점 냉담해져 갔다. 결국 병수발에 넌더리가 난 남편은 엄마가 아이를 키우게 해준다는 조건으로 이혼을 했다.

　매정한 남편…. 원망도 많이 했다. 그래도 아이들 아빠였다. 부부의 인연은 끊을 수 있어도 아빠와 자식의 연은 끊을 수 없었다. 만약 엄마인 자신이 죽는다면 아이를 지키고 키울 수 있는 사람은 아빠라고 생각하여 1주일에 한 번씩 아이들을 아빠에게 보낸다.

　엄마는 1남 3녀 중 장녀다. 여동생들이 아픈 언니의 병원비를 도와주고 있다. 두 여동생이 시집을 가고 난 후 친정부모가 같이 살자고 했지만 아이들만의 울타리를 만들어주고 싶어 따로 살고 있다.

　세탁기에서 빨래를 꺼내는 것은 딸의 몫이다. 너무 어려서 세탁기 속으로 들어가야 할 정도다. 엄마를 잘 돕는 딸과 말을 잘 듣는 아들이다. 엄마에겐 그것이 도리어 안쓰럽고 미안하다.

　엄마는 이혼한 뒤 생을 포기하다시피 했다. 그러나 아이들 때문에 힘을 냈다. 백혈병이 재발하여 사경을 헤매면서도 삶의 의욕을 잃지 않았다.

　두 달밖에 살지 못한다는 진단이 있었지만 엄마는 약을 먹어서, 기도를 해서 생명을 연장하고 있다는 생각을 하지 않는다. 아이들에게 못다 베푼 애정이 남아있다고 생각하면서 아플 때마다

이를 악물고 삶의 의욕을 되살린다. 아이들이 엄마를 견디게 하는 힘이다.

엄마는 이제 면역성이 떨어져 항암 치료를 할 수 없다. 1주일에 한 번씩 119 구급대의 도움으로 병원에 치료를 하러 간다.

오랜만에 아이들과 함께 어딘가 가고 싶은 엄마는 자원봉사자들의 도움으로 서해 바닷가로 간다. 저 넓고 푸른 바다를 향하여 엄마가 울부짖는 목소리로 소망한다.

"제발 아이들 곁을 지킬 수 있게 해주세요."

집으로 돌아온 엄마는 일기를 꺼냈다. 아이들 곁을 떠날 때를 대비하여 당부의 글이 담겨 있었다. 죽음을 기다리며 써 놓은 일기… 이젠 더 이상 쓰지 않기로 하고 각오의 글을 쓴다.

사랑하는 너희를 두고 엄마는 혼자 떠나지 않을 거야. 언제나 함께 있고 싶고 아들이 커서 운전면허를 따서 운전하는 차를 타는 것이 소망이야.

엄마는 오랜만에 화장을 하고 아이들에게 깨끗하게 옷을 입혀 가족사진을 찍으러 사진관에 간다. 모처럼 외식을 하면서 아이들에게 "우리 모두 씩씩해지자"고 말한다.

엄마는 스스로 약속한다. 희망을 버리지도 포기하지도 않을 것이라고…. 아이들을 위해서…. 엄마 곁을 든든하게 지켜주는 두 아이가 있기에 이제 두 아이에게 엄마의 자리를 지켜주기 위해서 두 아이의 응원을 받으며 쓰러지지 않을 것을 다짐한다.

'아이들의 어린 시절이 엄마를 위해 바쳐지고 있다. 그렇게 잃어버린 아이들의 어린 시절을 엄마는 돌려주고 싶다. 엄마의 자리를 온전히 채우기 위해 노력하리라. 아이들이 밖에서 돌아오면 웃는 얼굴로 맞이해 주고 아이들에게 손수 따뜻한 밥과 간식을 만들어 주리라.'

이것은 여자보다 강인한 두 아이의 어머니이기 때문이다.

결코 숨기지 마라

아들은 전신마비 근육병을 앓고 있는 대학생이다. 아들의 휠체어를 밀면서 함께 대학을 다니고 있는 엄마는 강의실까지 아들을 들여보내고 나서야 한숨을 돌리며 이마에 송골송골 맺힌 땀을 닦는다.

생후 3개월까지는 뒤집기도 잘하고 다른 애들과 똑같았던 아들이 4개월이 되자 보행기를 잘 타지 못하면서 이상한 징후가 나타나기 시작했다. 결국 병원에서 진찰을 한 의사로부터 청천벽력과 같은 말을 들어야 했다.

"척추성근위축증인데 원인은 알 수 없고 치료 방법도 없습니다. 이 병은 진행성이라서 언제 죽을지 모릅니다. 아무 것도 기대할 수 없으니 빨리 건강한 아우를 보도록 하십시오."

엄마는 의사 말을 듣고 아무도 눈에 보이지 않았고 세상에 아들만 보였다.

'왜 하필 나에게 이런 일이…. 세 식구 함께 죽어버릴까?'

엄마는 하늘이 원망스러웠다. 그리고 두려웠다. 그렇지만 아들의 초롱초롱한 눈망울을 보자 새로운 용기가 솟아올랐다.

엄마는 마음을 다잡고 아들의 치료를 위해 희망을 버리지 않기로 하였다. 하지만 아들은 엄마의 희망을 무시하듯 초등학교 3학년에 접어들자 몸 전체가 마비되면서 꼼짝없이 누워있게 되었다. 절망의 나락으로 떨어진 엄마는 기도했다.

"이렇게 고통을 주시려거든 차라리 아이를 데려가십시오."

끝없는 절망과 함께 교육이니, 재활훈련이니 다 집어치우겠다는 생각이 밀려왔지만 모두들 가망 없다고 무시하는 태도를 보자 두고 보라는 오기가 생겼다.

불행 중 다행인지 아들은 총명했다. 엄마가 이끄는 데로 학습을 잘 따라했다. 엄마는 조금씩 발전하는 아들의 모습에 희열감을 느낄 때도 있었다.

'어머니'라는 이름으로

엄마는 아들을 강한 사람으로 키우고 싶었다. 아들이 장애를 감추다보면 결국 혼자 외톨이가 될 거라고 생각했기에 항상 채찍질하는 말을 잊지 않았다.

"장애를 결코 숨기지 마라."

엄마는 초등학교를 마친 아들을 일반중학교에 보냈다. 심한 장애를 앓고 있는 아들을 특수학교에 보내면 편하겠지만 엄마는 아들이 장애인으로서 느끼는 마음의 상처를 치유해 주고 싶었다. 또 아들이 학교 공부를 충분히 따라갈 수 있을 것이라는 확신을 가지고 있었다. 아들은 네 살 때 한글을 다 깨우칠 정도로 똑똑한 아이로 단지 몸이 불편할 뿐이었다.

초등학교 때에는 같이 학교에 다니면서 노트 필기 정도만 대신해 주면 되었지만 중학교에 입학하자 엄마의 또 다른 고행이 시작되었다.

중학교에서는 한 학기에 중간고사와 기말고사를 보았다. 엄마는 아들 친구들의 노트를 빌려서 복사해주었다. 밤마다 공부할 때면 옆에서 책을 일일이 넘겨줬다. 가래가 생기지 않도록 밤새 열 번, 스무 번씩 뒤척여줘야 했다. 밤새는 일도 허다했다. 아들은 반에서 평균 10등을 했다. 어머니를 비롯한 가족들이 감격했다.

고등학교에 진학한 아들은 반에서 5~6등을 차지했다. 엄마도

엄마는 아들을 강한 사람으로 키우고 싶었다.
아들이 장애를 감추다보면 결국
혼자 외톨이가 될 거라고 생각했기에
항상 채찍질하는 말을 잊지 않았다.
"장애를 결코 숨기지 마라."

아들과 함께 공부를 하기 시작했다. 시험을 볼 때면 복도에 책상을 갖다놓고 엄마가 아들 대신 OMR 카드에 기입을 해야 했다. 때문에 새로운 수학 기호가 나오면 엄마도 외워야 했다. 모르는 수학 기호가 너무 많았다. 처음에는 리미트(limit)나 시그마(Σ)가 기호인 줄도 모르고 한글로 썼다가 아들한테 혼나기도 했다.

엄마는 아들과 함께 대학 입학 준비에 몰두했다. 비가 오나 눈이 오나 결석 없이 학교에 다니는 일은 계속됐다. 겨울에 눈이라도 내리면 엄마는 아들을 업고 다녔다. 넘어지기라도 한다면 큰일이었지만 그 누구도 엄마의 열정을 막지는 못했다.

대학의 컴퓨터공학과에 입학한 아들은 컴퓨터로 프로그래밍을 해서 메일로 보내는 과제가 많다. 아들이 프로그래밍 숙제를 하면 엄마도 옆에서 밤을 새워야 한다. 프로그래밍 하다가 보는 책을 들춰져야 하기 때문이다.

거기에다 엄마는 가능한 한 동아리 활동에도 참여하려는 아들을 뒷바라지 한다.

키가 160㎝에 몸무게가 30㎏이 안 되는 아들을 보고 담당 의사는 말한다.

"생존은 도저히 믿을 수 없는 기적입니다."

아들의 병은 가래가 기도를 막아서 호흡이 힘들어지면 금방

목숨이 위태롭기 때문에 죽을 고비를 몇 번이나 넘겼고 살얼음 위를 걷는 것처럼 늘 불안하다.

엄마는 아들에게 절대 약한 모습을 보이지 않고 아들이 중요한 존재란 것을 인식시킨다. 엄마는 '모든 것은 희망에서 시작된다'는 믿음을 가지고 아들에 대한 희망의 끈을 놓지 않고 최선을 다하고 있다. 대학생 아들을 바라보면서 엄마는 새로운 각오를 다진다.

'앞으로 직장에도 따라다녀야 할지 모르겠다. 늘 숨어 있다가 소변을 보거나 밥 먹을 때, 아들이 필요할 때 나와서 지켜줘야지.'

주위에서 아들에게 엄마에 대하여 물으면 항상 이렇게 대답한다.

"우리 엄마는 천사입니다. 장애를 지고 세상에 나온 저를 위해 먼저 오셔서 기다려주신 천사입니다."

일어서리라

4남매 중 막내딸은 첫돌을 며칠 앞두고 고열에 시달렸다. 겨우 눈만 깜박거리며 울음소리조차 내지 못하고 누워있었다. 부모는 딸이 어찌될까 속이 탔다. 결국 병원에서 진찰을 한 의사로부터 청천벽력과 같은 말을 들어야 했다.

"소아마비입니다."

부모는 하늘이 원망스러웠다. 그리고 두려웠다. 딸은 결국 척수성소아마비로 지체장애인이 되었다.

막내딸의 초등학교 시절에는 아예 집을 학교 옆으로 이사했다. 아침마다 4남매가 제각기 시작하는 하루의 일과는 부산했지만 엄마는 항상 소아마비 딸 차지였다. 혈액 순환이 잘 되지 않는 다리에는 두터운 솜을 넣어 따뜻하게 하고, 보조기구를 신기고, 학교에 데리고 가는 일까지 엄마의 몫이었다.

엄마는 막내딸이 초등학교 3학년 때까지, 등교시켜 놓고 화장실에 데려가기 위해 두 시간에 한 번씩 학교에 가야 했다.

막내딸이 초등학교 4학년이 되자 엄마는 딸에게 목발을 짚고 혼자 등교하게 했다. 학교까지의 거리는 얼마 되지 않았지만 장애인 딸에게는 버거웠다.

딸이 중학교에 입학하게 되자 버스를 타고 혼자 등교하게 했다. 어느 날, 아침에 등교를 하려는데 비가 내리고 있었다. 딸은 평소보다 일찍 엄마와 함께 집을 나섰다. 엄마는 딸을 업고 버스 타는 데까지 데려다 주었다. 딸은 중학생이 되어 무거워진 자신을 업은 엄마의 팔이 자주 풀어지는 것을 느끼면서 송구스러운 마음뿐이었다.

엄마는 한 손으로 딸을 받쳐 업고, 다른 한 손에는 딸의 목발 한 개를 들었다. 딸은 한 손으로는 우산을 들고 다른 한 손으로는 나머지 목발 한 개를 들었다. 딸은 엄마가 비에 맞을까 봐 우산을 앞으로 기울이곤 했다. 그때마다 엄마는 앞이 안 보인다고 하며 자꾸만 우산을 뒤로 젖히라고 했다. 덕분에 딸은 비 한 방울 맞지 않았지만, 어느새 엄마의 얼굴에는 빗물이 턱밑까지 흘러내렸다. 딸은 미안한 마음에 엄마 등에 얼굴을 갖다 댔다. 그리고 혼잣말을 중얼거렸다.

"왜 비를 내려 우리 엄마를 더 힘들게 하는 거야…."

그날도 그렇게 엄마의 힘겨운 배웅으로 딸은 편안히 버스를 탈 수 있었다. 그러나 수업이 끝날 때까지 비는 그치지 않았고 오히려 빗방울이 굵어졌다.

딸이 버스를 타고 집으로 돌아오는 길이었다. 먼저 내리는 친구들을 보니 엄마들이 미리 우산을 들고 나와 있었다. 딸은 엄마도 지금쯤 자신을 마중하러 나와 있을 것이라는 생각에 버스가 빨리 도착하기만을 바라며 창밖의 거리를 바라보고 있었다.

드디어 버스가 딸이 내릴 정류장에 도착했다. 그런데 어찌된 일인지 엄마가 보이지 않았다. 조금은 섭섭했지만 이젠 비가 오더라도 혼자서 집에 돌아갈 수 있다는 것을 엄마께 보여드리고 싶었다.

그래서 목발을 짚고 빗속을 한 발 한 발 조심스럽게 걷기 시작했다. 딸에게 있어서 빗길을 혼자 걷는 것은 처음이었다. 두려웠지만 조심조심 걸었다. 그러나 결국 물에 괸 웅덩이를 건너다 잘못하여 넘어지고 말았다.

한 순간에 운동화와 양말은 물론, 넘어지면서 손으로 물을 짚는 바람에 가슴팍까지 흙탕물이 튀었다. 흙탕물에 빠진 낭패감에 갑자기 눈물이 나기 시작했다.

그것도 잠시, 거기 서있는 사람들이 자신을 쳐다보고 있다는 것을 느끼는 순간 창피한 생각에 얼굴이 달아오르고 마음이 급해졌다. 빨리 일어나야 한다는 생각뿐이었다.

그렇지만 급히 서두르다보니 몸이 말을 들어주지 않았다. 일어나려고 하면 주저앉고, 또 일어나려고 하면 주저앉고…. 몇 번이나 해봤지만 허사였다. 이미 바지도 다 젖어버렸다.

그때 눈앞에 의자 하나가 보였다. 그 의자가 있는 곳까지 목발을 옆으로 질질 끌며 필사적으로 기었다. 의자를 짚고 일어나는 데는 별로 힘들지 않았다. 딸은 물에 빠진 생쥐 꼴이 되어서야 목발을 짚고 다시 걸을 수가 있었다.

딸이 일어나서 막 걸음을 옮기는 순간 뒤에서 누군가 우산을 들어 비를 막아주었다. 뒤돌아봤다. 엄마였다. 엄마 눈에는 눈물이 가득 괴어있었다. 딸은 아무 말도 못하고 엄마만 바라보며 한동안 그냥 그 자리에 서있었다. 엄마가 천천히 입을 떼었다.

"버스에서 내릴 때부터 너를 줄곧 지켜보았다. 네가 혼자서 걸을 수 있도록 하기 위해서 그냥 내버려둔 거야. 정말 기특하고 장하구나."

엄마는 눈물을 감추며 딸에게 미소를 보냈다. 딸은 혼자서 해냈다는 뿌듯함 때문에 마냥 행복한 표정을 지었다.

'어머니'라는 이름으로

그만 자자

밤 11시 10분, 아들이 자리에 들기를 기다리던 엄마는 지쳐 잠에 쫓기는 목소리로 "이제 그만 자자" 하며 아들의 방문을 열고 들어선다. 아들은 미안한 듯 아쉬운 듯 "예" 하고 휠체어를 스스로 밀고 나온다. 엄마는 휠체어에서 아들을 내려서 잠자리에 눕히고 불편한 것이 없나 확인한 후 불을 끄고 나온다. 이제 비로소 엄마의 하루 일과가 끝났다. 엄마가 자리에 눕지만 아들에 관한 생각에 머리가 복잡해진다.

'아들이 정상적인 건강한 아이였더라면 지금 이 시간에 자라고 할 수 있을까? 1분 1초를 아끼고 쪼개어 하루에 서너 시간

만 자면서 공부를 해도 대학에 들어갈까 말까 한 고등학교 3학년…'

그러나 엄마는 아들이 뇌성마비 환자이기 때문에 일찍 잠자리에 들기를 권한다. 아들은 긴장하거나 무리하면 근육이 경직되어 몸이 뻣뻣해져서 휠체어에 앉아도 미끄러져 떨어진다. 또 잠자리에 누워도 머리가 자꾸 들려서 자칫하면 그날 밤을 그대로 새워야 하기 때문에 신경 쓰지 않고 무리하지 않도록 일찍 잠자리에 들게 한다.

하지만 공부 욕심이 많은 아들은 대학입시를 위해 밤늦도록까지 공부를 하려고 한다. 이 모습을 바라보면서 이렇게 하지도 저렇게 하지도 못하는 엄마는 안타깝기만 하다.

엄마는 누웠던 자리에서 벌떡 일어나 서성거린다. 그러다가 아들의 방으로 가서 자는 모습을 들여다보면서 지난날들을 떠올린다.

첫아이를 낳았다고 너무나도 기뻐하던 남편과 시부모와 친정부모의 모습…. 백일이 되어도 목을 못 가누는 아이를 안고 병원을 찾은 우리에게 갖가지 병명으로 절망케도 하고 희망을 주기도 했던 여러 병원의 의사들…. 믿음으로 고치겠다고 기도원을 찾아가 기도에 매달렸던 일…. 동생을 본 뒤에도 계속 기저귀와 젖꼭지를 물어야 했던 아들 때문에 두 아이를 쌍둥이 키우듯 애를 먹었던 일….

　아들이 초등학교에 들어갈 나이만 되면 괜찮을 테니 너무 걱정하지 말고 잘 먹이라는 어느 한의사의 말에 희망을 걸고 그때만 손꼽아 기다리던 중에 취학통지서가 날아왔는데도 아들은 앉지도 못하고 배밀이조차 못해 절망케 했던 일…. 재활원에 입원시키고 그것이 안타까워 매일같이 울며 재활원을 오르내리던 일….

　조금이라도 잘 입히고 싶어서 아이의 새 옷을 사서 한 올 한 올 이름을 뜰 때마다 눈물로 옷이 얼룩졌던 일…. 즐거워야 할 초등학교 졸업식장에서 보는 사람들로 하여금 눈시울을 적시게 하고 안타깝게 했던 일…. 중학교에 진학하여 기뻐하던 아들의 모습….

　이 모든 일들이 엄마의 뇌리를 스쳐가면서 입에서는 기도가 절로 나온다.

　"감사합니다. 아들이 비록 육신은 장애가 있을지라도 정신은 건강하여 하면 된다는 신념과 최선을 다하는 지혜를 주셔서 노력하게 하시니 감사합니다. 이제 이 밤이 지나 아침이 오면 아들과 함께 나의 생활이 시작됩니다. 그러나 우리는 실망하지 않습니다. 나의 삶의 열매인 자식과 소중한 둥지인 가정이 있기 때문입니다. 부디 아들이 어떤 경우에도 좌절하지 않고 주어진 것에 감사하며 최선을 다하는 청년으로 자라주길 기도합니다."

"우리는 실망하지 않습니다.
나의 삶의 열매인 자식과 소중한 둥지인
가정이 있기 때문입니다.
부디 아들이 어떤 경우에도 좌절하지 않고
주어진 것에 감사하며 최선을 다하는
청년으로 자라주길 기도합니다."

'어머니'라는 이름으로

하얀 선

딸은 1940년 미국의 작은 마을에서 흑인으로 태어났다. 조산아로 유달리 몸이 허약했던 막내인 딸은 4살 때 설상가상으로 소아마비에 걸려 왼쪽 다리에 장애가 생겼다. 의사는 하루도 거르지 않고 3년 동안 병원에 다니면서 물리치료를 받으면 나을지도 모른다고 말했다.

 엄마는 전보다 더욱 부지런히 일했다. 아침 4시에 일어나 이웃 농장에서 일하고, 오후에는 딸을 데리고 버스로 80킬로미터 떨어진 병원을 다녔다. 하지만 흑인 전용버스는 항상 만원이어서 엄마와 딸은 왕복 4시간 동안을 꼬박 서있어야만 했다.

"엄마, 미안해. 병원에 그만 다녀!"

어린 딸은 엄마에게 매달려 눈물을 흘리기도 했다. 비가 오나, 눈이 오나 하루도 빠짐없이 병원을 찾은 3년의 세월이 지나자 의사의 말대로 기적이 일어났다. 딸이 다리 보조기를 떼어내고 목발 없이 혼자 걸을 수 있는 상태로 회복된 것이다.

매일 왕복 160킬로미터를 4시간 동안 서있어야 했던 3년 동안의 고초가 딸의 다리에 다시 힘이 돌아오게 하는 물리치료효과를 가져온 것이다.

다리 상태가 좋아지자 딸은 꿈을 가졌다. 미국 최고의 육상선수가 되겠다는 것이었다. 그러나 이 이야기를 들은 주위 사람들은 만류했다. 오직 엄마만이 딸을 격려했을 뿐이다.

"다리 하나 불편한 것쯤 네가 정말로 원한다면 극복할 수 있어, 괜찮아"

엄마는 딸을 근처 공원 운동장으로 데리고 가서 땅위에다 분필로 하얀 선을 그었다.

"자, 여기까지 걸어봐라."

딸은 두세 발자국도 못 가서 그만 쓰러지고 말았다.

"엄마, 안 돼요. 난 걸을 수가 없어요!"

그럴 때면 엄마는 엄하게 꾸짖었다.

"무슨 소리냐! 너의 꿈은 미국 최고의 육상 선수야! 넌 할 수 있어. 자 일어나서 다시 걷자."

딸은 다시 일어섰으나 두세 발자국 만에 또 쓰러졌다. 그러나 또 다시 일어났다. 그리고 또 다시 쓰러지고 또 다시 일어나기를 반복하면서 얼굴과 온몸은 먼지와 눈물로 뒤범벅이 되었다. 이렇게 하면서 해가 질 무렵이 되면 엄마는 다정하게 말했다.

"잘했다. 봐라, 오늘은 80센티미터를 걸었다. 내일은 1미터를 걸어보자."

엄마는 집으로 돌아와 쑤시고 아픈 딸의 다리를 정성껏 마사지해 주었다.

엄마와 딸의 피눈물 나는 노력은 이렇게 또 3년을 하루도 쉬지 않고 계속되었다.

열세 살이 되던 해, 딸은 처음으로 학교 주최 육상 경기에 참가했지만 당연히 꼴찌였다.

고등학교에 들어가서도 육상 경기에 빠짐없이 참가를 했지만 결과는 항상 마찬가지였다. 담임선생님을 비롯한 주위 사람들은 육상을 포기하라고 권유했지만 결코 포기하지 않았다. 그럴수록 틈만 나면 엄마와 함께 운동장 트랙을 찾아 뛰고 또 뛰었다. 그리고 매일 기록을 메모하면서 빨리 뛸 수 있는 방법을 엄마와 함께 연구했다.

마침내 고등학교 3학년 봄, 교내 체육대회에서 딸은 처음으로

2등을 하게 되었고 졸업이 임박한 가을철에는 드디어 교내 육상 대회에서 우승을 하게 되었다. 소아마비로 왼쪽 다리를 절어야 했던 딸은 드디어 다니던 고등학교에서 가장 잘 달리는 학생이 된 것이다. 그날, 엄마와 딸은 운동장에서 함께 부둥켜안고 기쁨의 눈물을 펑펑 쏟았다.

고등학교를 졸업한 딸은 육상 특기생으로 대학교 체육학과에 장학생으로 입학했다. 대학에서 딸은 훌륭한 육상 전문 코치를 만나게 되었다. 그녀의 굽힐 줄 모르는 집념과 재능을 확인한 코치는 본격적이고 체계적인 훈련으로 단련시켰다.

마침내 1960년 9월에는 미국 대표로 로마올림픽 여자 육상 선수로 출전하게 되었다.

딸은 가슴을 두근거리며 세계적인 선수들과 함께 섰다. 딸은 하얀 출발선을 보며, 어렸을 때 공원에서 엄마가 분필로 그어 놓은 하얀 선을 생각했다.

"탕!"

출발 신호가 울렸다.

일곱 살 때까지 소아마비로 걷지도 못했던 딸은 이제 올림픽 육상 선수로 트랙을 힘차게 내달리고 있다. 딸은 엄마의 얼굴만을 떠올리며 달렸다.

딸이 결승선을 통과하는 순간 우렁찬 박수와 함께 환호가 진동했다. 1등이었다. 거기에다 시간은 11초F로 올림픽 신기록이었다. 뒤이어 2백 미터 경기에서도 금메달을 따냈다. 마지막으로 4백 미터 릴레이에서 미국 팀의 최종 주자로 달려 독일 선수를 따라 잡고 금메달의 주역이 되었다.

시상대에 올라 선 딸은 목에 건 금메달을 움켜쥐고 가슴속으로 소리쳤다.

'난 이 육상 트랙을 엄마가 그려준 하얀 선으로 생각하고 달렸습니다. 엄마, 고마워요. 여기 세 개의 금메달은 제 것이 아니고 모두 엄마가 딴 거예요!'

미국 육상의 영웅이었던 월마 루돌프의 생생한 실화다.

꼽추 엄마

꼽추인 남녀가 서로 사랑하여 결혼하고 임신을 했다. 하지만 부부는 뱃속에 있는 아이가 '혹시나 부모의 유전을 받아 꼽추가 되지 않을까' 내심 걱정이 되었다.

그러나 부부의 걱정과는 달리 무척 건강한 아들이 태어났다. 꼽추 엄마는 아이를 지극한 정성으로 보살폈고 아이도 엄마를 잘 따르며 착하고 건강하게 자랐다.

아들이 초등학생이 되자 엄마는 아이가 철이 들면서 꼽추 엄마인 자신을 외면할까봐 걱정이 되었다. 행여나 아이의 마음에 상처를 줄까봐 엄마는 아이가 초등학교에 입학한 후부터 한 번도 학교에 찾아가지 않았다.

　그러던 어느 날, 아이가 밤늦도록 만든 숙제 과제물을 두고 학교에 간 것을 발견하고는 엄마는 고민에 휩싸였다.

　'이 과제물을 학교에 갖다 주어야 할 텐데…. 과제물을 학교에 갖다 주면 엄마가 꼽추인 것이 알려져 아들이 무척 창피해 할 텐데…. 그렇다고 갖다 주지 않으면 숙제를 하지 않은 것으로 될 것이고….'

　이런 저런 고민 끝에 엄마는 아들만 살짝 불러 전달하기로 마음먹고 학교로 갔다. 아들이 입학한 후에 처음으로 찾아간 학교를 들어서는 순간 가슴이 뭉클하면서 긴장이 되었다. 교문을 들어서는데 아이들이 잔뜩 모여 있었다. 운동장 한 쪽으로 발걸음을 옮기고 교실을 찾아가려고 하는데 저쪽 나무 밑에서 아들이 보였다. 체육 시간이었던 것이다.

　엄마는 순간적으로 당황해 하면서 학교를 급히 빠져나가려고 했다. 그런데 저 멀리서 아들이 엄마를 발견했다. 눈이 마주쳤다. 엄마는 놀라며 더욱 빠른 걸음으로 교문을 향해 걸었다. 그런데 저쪽 나무 밑에서 아들이 교문 쪽을 바라보며 손으로 입을 모으고 소리치고 있었다.

　"와! 우리 엄마다!! 엄마!!!"

그 후 6학년이 된 아들의 초등학교 마지막 운동회 날이었다. 엄마와 아빠는 맛있는 도시락을 준비하여 운동회에 참석했다. 높은 가을 하늘 아래 형형색색의 오색 풍선과 화려한 만국기가 펄럭이는 운동장 위로 선생님의 힘찬 목소리가 울려 퍼졌다.

"자, 다음은 6학년생들의 달리기입니다. 선수들은 출발선에 서고 출발 후에는 저 앞 반환 지점에 놓인 쪽지에 적힌 지시대로 해주세요."

아이들이 출발 총소리와 함께 달려 나갔다. 아들은 야구 선수가 멋지게 도루를 하는 모습으로 미끄러지며 한 손으로 운동장 바닥에 있는 쪽지를 펴들었다.

어머니가 학생 업고 달리기

아들은 엄마가 있는 곳으로 달려갔다. 쪽지를 본 엄마는 낭패스런 표정으로 아들을 쳐다보았다. 그 순간 아들은 재빨리 엄마 앞에 등을 돌리며 앉았다.

"내가 엄마 업을게요. 빨리! 엄마, 빨리!"

엄마는 그제야 알았다는 듯 아들 등에 몸을 기댔다. 아들은 두 손으로 힘껏 엄마를 추슬러 업은 다음에 앞으로 내달렸다. 사람들의 웅성거리는 소리가 크게 들려왔다. 엄마는 아들의 등에 얼굴을 바짝 붙였다. 등으로 느껴지는 엄마의 얼굴은 후끈 달아오르고 있었다.

각자의 쪽지에 따라 자기 엄마의 손을 잡고 뒤로 달리는 아이, 객석에 앉아 있던 할머니 손을 이끄는 아이, 미처 어찌할 바를 몰라 주저주저하고 있는 아이들을 제치고 아들은 맨 앞으로 달려 나갔다. 관중석으로부터 웅성거리는 소리가 들렸다.

"꼽추다. 꼽추…."

순간 아들은 자신도 모르게 눈앞이 흐려져 왔다. 뒤범벅이 된 눈물과 땀을 닦아내고 나니 눈앞에 선생님이 와 있었다. 아들은 가쁜 숨을 고르며 선생님을 쳐다보았다. 아들 머리를 쓰다듬는 선생님의 눈가에 물기가 반짝거렸다.

"선생님, 우리 엄마예요."

얼굴에 눈물 자국이 있는 엄마는 아들의 등에 업힌 채로 선생님께 인사를 했다. 그리고 다시 고개를 숙였다. 엄마 눈에서 또다시 눈물이 흘러내렸다.

도라지꽃

"누나! 오늘 저녁 밥맛이 괜찮은데!"
"그래 언니, 이 도라지 무침이 일품이야."
자취 생활을 같이 하는 두 동생들이 은근히 반찬 솜씨 없음을 빗대서 하는 말이지만 듣기 싫지는 않았다.
"그래 이 도라지 무침이 맛이 있을 거야. 내가 어떻게 키운 도라지인데 맛이 없겠어?"
1년 전 시골 고향집에 다녀온 여동생이 밑반찬이며 김치를 가져오면서 비닐봉지에 제법 새순이 올라온 도라지를 열 포기쯤 가져 왔었다.

"이거 도라지 아니야? 아직 뿌리가 작은데 뭐 하려고?"

"엄마가 산에서 캐 오신 건데 어디에든 심어서 언니가 직접 키워 보라고 하셨어."

큰딸은 엄마가 애써 보내준 것이라 버리기가 뭐해서 집에 있는 큰 플라스틱 통에 심어서 담 위에 얹어두었다. 큰딸이 아침 일찍 창문을 열고 밖을 내다보니 그동안 한 번도 돌보지 않았는데도 무심함을 비웃기라고 하듯 짙은 녹색의 잎을 달고 나온 꽃대에서 보라색 꽃봉오리를 맺고 있었다.

"어머!"

팽팽하게 개화하려는 순간을 보는 것 같은 착각 속에 작은 탄성을 질렀다. 아침 햇살에 영롱하게 비친 이슬을 달고 있는 보라색 꽃봉오리가 만지면 터질 듯 했다.

시간이 지나면서 딸은 매일 아침과 퇴근 후에 집에 와서 제일 먼저 창 너머 담 위를 내다보는 것이 습관이 되어버렸다. 그 후로도 도라지꽃을 보면서 그날 있었던 일이나 누군가에게 들려주고 싶은 이야기들을 작은 소리로 속삭이곤 했고 언짢은 일이나 우울한 기분일 때도 여지없이 도라지꽃을 보았다.

마지막 꽃잎을 뒤로하고 해를 넘기면서 신경 써서 겨울을 관리한 덕분에 봄과 함께 싹이 텄다. 딸은 청아하고 아름다운 꽃을 보면서 또 가을을 맞았다.

그런 나날이 계속되던 중에 퇴근을 해서 골목을 들어서는데 뭔가 뒤에서 떨어지는 소리가 나는가 싶어 돌아보았다. 옆집 꼬마가 장대로 장난을 치다가 담 위에 얹어 두었던 플라스틱 화분을 떨어뜨려 쏟아버리고 만 것이었다.

다시 담아 심으려 했지만 동생들이 애써 말리면서 더 튼튼하고 예쁜 꽃 피는 것으로 캐어다 줄 테니 그만 주책을 부리라는 바람에 껍질을 벗겨 초고추장에 무쳐 저녁 반찬으로 내어놓은 것이었다.

그랬더니 동생들은 야속하게도 맛이 좋다며 반찬 그릇을 다 비워 버렸다.

"누나 밥 안 먹어? 누나가 그렇게 애써 키운 도라지니까 먹으려면 가슴 아플 것 같아서 우리가 대신 먹어줬어."

큰 딸은 엄마가 도라지꽃을 키워보라고 한 이유를 생각했다.
'엄마가 도라지를 키우라고 보내준 것은 정서적인 여유를 찾아보라는 뜻이었으리라. 작은 것이나 이름 없는 것들에 대해서 한 번쯤 눈을 돌려서 관심 있게 지켜보라는 것이었는데….'

뻥튀기

엄마가 아침 일찍 어디론가 전화를 걸고 있었다.

"그래, 그 동네에도 오지 않는단 말이지? 하기야 네 말대로 입춘이 지났어도 아직 겨울 기운이 가시지 않았으니 시기적으로 이르다만 그래도 몇 년 전만 해도 많이 왔는데…. 아니 그럼 어디를 가야 하나…. 그래 어미야 잘 알았다. 나중에 너희 집으로 한 번 가마. 이제 끊자."

전화 수화기를 내려놓은 엄마에게 아들이 물어보았다.

"무슨 말씀이에요. 엄마, 뭐가 안 온다는 거예요. 형 집에 누가 온대요?"

"아니다. 아무 것도…."

엄마의 나지막한 대꾸였다.

엄마는 달포 전부터 밥을 일부러 약간 태워 지었다. 저녁 식사 후 밤이 이슥해지면 때 아닌 누룽지 튀밥을 찾는 식구들을 위해서였다.

그동안 모아놓은 누룽지가 꽤 많아지자, 엄마는 그것을 뻥튀기로 튀겨서 튀밥을 만들 생각이었지만 뻥튀기 장사를 찾을 길이 없었다.

아들이 어릴 적에는 뻥튀기 장사들이 많았다. 동네 어귀마다 흡사 대포처럼 생긴 뻥튀기 기계를 놓고 이렇게 말하기 일쑤였다.

"얘들아 귀 막아라. 곧 있으면 튀밥 대포가 터진다. 귀 다 막았니? 자 그럼. 하나~둘~셋!"

"뻥!!!"

순간 뻥튀기 기계에서 쏟아져 나오는 자욱한 안개와 함께 압력에 견디다 못해 밖으로 튀어나온 튀밥들을 주워 먹느라 동네 꼬마들은 아우성이었다. 반면에 동네 어귀에서는 아기를 들쳐 업고 나온 아주머니들이 짜증 섞인 목소리로 이렇게 말하기 일쑤였다.

"아니 웬 깜짝이야. 하루 이틀도 아니고 허구 헌 날 이 소리 때문에 아기가 놀라서 울고 보채니 무슨 일을 할 수가 있나. 아휴! 아저씨, 딴 곳에 가서 좀 하세요. 시끄러워서 견딜 수가 없어요."

그러나 이런 푸념에도 뻥튀기 아저씨는 아랑곳하지 않았다.

"얘들아! 집에 가서 못 쓰는 물건이나 빈병 모아둔 것과 쇠붙이가 있으면 갖고 나와라. 이 아저씨가 튀밥이랑 바꿔주마."

그러나 애들은 애들대로 아저씨를 졸랐다.

"아저씨 한 번만 더 튀겨 봐요."

뻥튀기 아저씨가 주는 튀밥 몇 주먹을 서로 차지하려고 싸워대는 아이들의 다툼소리, 뻥튀기 소리에 놀라서 우는 아기들의 울음소리, 뻥튀기의 진동소리에 동네 아주머니들의 항의하는 언성, 이 모든 것들이 뒤범벅이 되어 골목 안은 언제나 시끌벅적했다. 또한 그렇게 먹는 튀밥이나 누룽지 튀밥은 그 무엇보다도 달고 고소했으며 그 정경이 다시금 생각났던 것이었다.

그러나 이 모든 것이 이제는 눈앞에서 사라진 것이다. 바로 그 뻥튀기 아저씨를 찾으려고 엄마는 이른 아침부터 이곳저곳으로 전화를 걸었던 것이다. 며칠 뒤 엄마는 어디서 수소문하여 해 오셨는지 뻥튀기를 한 자루나 들고 들어오면서 말했다.

"요즈음 나오는 과자가 아무리 맛이 있다 한들 이 뻥튀기 맛에 비하려고…"

아들은 어릴 적에 먹던 튀밥의 맛을 생각하니 군침이 돌았다.

그 맛은 초콜릿이나 쿠키, 크래커 따위의 맛과는 비교도 안 되는 특별한 맛이 있었던 것이다. 그 맛은 순박하고 구수한 인정과 엄마의 사랑이 담긴 맛이었다.

딸의 방

세 남매의 등교를 도와준 후 엄마는 오늘은 여유가 있어서 딸의 방을 치웠다. 열세 살 소녀인 딸의 방은 엄마가 어렸을 적처럼 온갖 꿈이 담겨 있었다. 일기장, 편지, 동시집, 낙서…. 원래 말수가 적고 내성적인 딸인지라 딸의 방은 치울 것이 없을 만큼 깔끔하게 정돈되어 있었다. 엄마는 그곳에서 오랜만에 딸의 속마음을 보는 듯하여 한참동안 떠날 줄을 몰랐다.

 딸의 일기장에는 교우 관계며 속상했던 이야기, 기뻤던 이야기들이 자세히 기록되어 있었다. 또 사진첩에는 자신의 백일사진에서부터 최근의 것까지 가지런히 꽂혀 있었다.

막내로 태어난 딸은 두 오빠들과 달라서 쾌활한 면이라고는 조금도 없다. 자기 방에 들어가면 있는지조차 모를 정도로 조용한 성격이다. 거기에다가 한창 재기발랄할 열세 살 소녀치고는 성장도 좀 미진한 편이다. 그래서 엄마는 딸을 보면 항상 마음에 걸린다.

엄마는 아이를 대할 적마다 죄스러움을 떨쳐버릴 수 없다. 몇 달 전 앓고 있는 줄도 모르던 신장염이 학교의 건강 진단에서 발견되었을 때 엄마 마음은 죄책감에 더욱더 무거웠다.

딸이 두 돌 무렵이었다. 그때까지 살림과 아이들밖에 몰랐던 엄마는 남편의 사업 실패로 부득이 바깥 생활을 강행할 수밖에 없었다. 갑작스런 생활 변화로 그 작은 딸아이를 품에서 떼어놓고 나갈 때의 마음은 이루 말할 수 없었다. 하지만 엄마는 한창 보살핌이 필요한 시기에 딸아이를 낯선 할머니한테 맡기고 생활 전선에 나서야만 했었다.

그리고는 10여 년간 아침에 일찍 나갔다가 밤늦게 귀가하는 것이 엄마의 일과가 되어버렸다.

"엄마! 나도 갈 테야."

아침마다 딸아이는 보채었다. 그래서 엄마는 언제나 오늘 아침에는 어떻게 아이를 떨치고 나갈 수 있을까 전전긍긍했다. 그때 엄마가 딸아이에게 해 줄 수 있는 말은 기껏해야 "맛있는 까까 많이 사다 줄께"가 고작이었다.

"까까 싫어! 나도 따라갈 테야."

그러나 그것도 한두 번이었다. 엄마는 딸아이를 따돌릴 수가 없었다. 비교적 영리했던 딸아이는 엄마가 출근하기 위해서 거울을 볼 때쯤이면 어느새 대문 앞을 지키고 있었다.

엄마가 밤늦게 집에 돌아와 보면 십중팔구 깊은 잠에 빠져 있었다.

그렇게 자라난 딸이 어느새 중학교 2학년이 되었다. 그리고 이제는 다소 생활이 안정되었지만 엄마는 아직도 바깥 생활을 청산하지 못하고 있다.

엄마는 문득 딸의 방에서 글짓기 대회에서 받은 상장을 발견했다. 엄마는 딸이 받은 상장과 일기를 읽으면서 자신이 구축한 성곽 안에서 꿈을 야무지게 키우고 있음을 비로소 알아냈다.

나는 시인이 될 테야. 시인이 되어 마음껏 상상의 나래를 펼치고 많은 사람들의 마음을 어루만져주고 싶어. 이 세상을 밝게 하는 시를 쓰고 싶어…

일기에 적힌 딸의 꿈이었다. 엄마는 딸의 소녀다운 꿈을 본 듯 싶어 대견한 마음이 들었다. 항상 그늘져 있는 듯한 모습과 지극히 내성적인 성격과는 달리 딸이 이토록 뚜렷한 자기 꿈을 가지고 자라고 있음을 보고 흐뭇했다..
　　엄마는 집으로 돌아온 딸을 미소로 맞이하면서 손을 꼭 잡은 다음에 안아주었다.

대학입시가 뭐 길래

딸이 고등학교 3학년이 되자 주위의 친척이나 이웃 사람들이 "이제 1년 동안 시집살이 해야겠구려" 하고 걱정을 했지만 막상 입시생의 엄마라는 것을 실감할 수 없었다.

게다가 애당초 자식 교육을 위해 중학교 때부터 좋은 학군을 찾아 부지런히 이사를 하는 그런 열성 엄마하고는 거리가 멀었으며 성적에 극성을 떨지도 않았다. 그래서인지 엄마는 고3 학부형이 되면서도 별다른 느낌이 없었던 것이다.

그러나 고3이 된 딸의 성격과 생활은 몰라보게 달라졌다. 학교에서 저녁까지 먹고 야간 자율학습 후 10시가 넘어서야 파김치처럼 축 늘어진 채 들어왔다. 그러고서도 컴퓨터에 앉아 인터넷 과외를 받고 밤늦게 잠자리에 들고서는 아침 일찍 후다닥 일어나 우유에 시리얼을 타서 마시고 등교하는 모습을 보노라면 마치 전쟁터에 나가는 병사 같았다.

학기 초인 3월이 지나고 중간고사 기간이 되었다. 중간고사 첫날 시험을 치르고 집에 들어오는 딸의 풀죽은 모습을 본 엄마는 가슴이 철렁했다. "시험을 어떻게 보았니?" 하고 조심스럽게 물어보자 "잘 본 것 같지는 않아요" 하는 대답이 돌아왔다.

"그래 앞으로 남은 시험을 잘 봐" 하고 말을 하는데 딸이 양말을 벗어 그 자리에 놓아 둔 모습이 눈에 띄었다. 엄마는 감정을 터뜨렸다.

"너는 왜 양말을 빨래하는 곳에 갖다 두지 않니? 내가 너 뒤따라 다니면서 치워줘야 해!"

아마도 딸이 시험을 잘 보았다고 했으면 기꺼이 치우면서 빨리 네 방에 가서 공부해라고 했을 것이다. 엄마는 순간 반성을 했다.

'시험이 뭐 길래…, 대학입시가 뭐 길래….'

딸은 아무런 대꾸도 하지 않고 평소와 다른 엄마의 모습에 당황한 빛을 감추지 못하면서 자신의 방으로 들어가 다음 날 시험 준비를 하는 것 같았다.

엄마는 자식의 성적에 매달려 일희일비하지 않는다고 생각한 자신이 이렇게 하는 것이 한심스럽게 느껴졌다. 딸에게 격려를 하지는 못할망정 화를 낸 자신에 대하여 후회하는 마음이 들었다. 엄마는 과일과 차를 들고 딸의 방으로 들어갔다. 딸은 책상에 앉아 공부를 하고 있었다. 엄마는 딸의 어깨를 감싸 않으며 말했다.

"중간고사 시험을 치고 온 너에게 격려를 하지 못하고 괜한 일로 성질만 부린 것 같구나. 그렇게 하면 안 되지 하면서도 짜증을 부려 미안하구나. 너에 대한 기대와 사랑의 표현이라고 생각하고 이해하려무나. 그렇다고 지나친 부담을 가지지 마라."

그러자 딸도 고분고분한 말투로 대답했다.

"아니에요, 엄마. 제가 오히려 미안해요. 공부가 마음먹은 대로 되지 않지만 열심히 할 거예요."

5월, 6월…. 점점 시간이 흐를수록 아이는 성격마저 달라지는 것 같았다. 매사에 짜증을 부리고 자기 위주로만 생각하려고 하고 다른 가족들과 말하기조차 싫어하는 딸에게서 부지런하고 싹싹하고 집안일을 거들어주던 예전의 모습을 찾아보기 힘들어졌다.

이런 딸의 변모를 지켜보면서 시어머니 시집살이보다 고3 자식의 시집살이가 더 힘들다는 주위 사람들의 이야기가 차츰 실감 나기 시작했다

그러던 어느 날이었다. 엄마는 아침부터 몸살기가 있어 하루 종일 집안일을 손댈 수가 없었다. 그날이 마침 토요일이라 조금 일찍 집으로 돌아온 딸에게 설거지와 급한 빨래를 좀 하라고 일렀다. 그러자 딸은 엄마가 아프다는 것에 관심조차 기울이지 않은 채 투덜거렸다.

"엄마는 대학입시가 얼마나 남았다고 그래요? 딴 엄마들은 아예 이딴 일은 시킬 생각도 안 하는데…."

철저히 이기적이 된 딸의 항변을 듣고는 그동안 꾹꾹 누르며 참아왔던 분통이 한꺼번에 터져 나왔다. 집안일을 그만두게 하고 딸을 안방으로 불러들였다.

"고3이 모든 걸 다 자기 위주로 해도 되는 특별한 허가장이 아니다. 아무리 고3이라고 해도 마땅히 가족으로 해야 할 일이 있다. 엄마는 좋은 대학에 들어가는 못된 딸을 원하진 않는다."

딸의 행동은 눈에 띄게 달라졌다. 여전히 긴장되고 지친 모습이었지만 주위 사람을 괴롭히거나 지나치게 자기만 생각하는 일은 거의 사라졌다.

딸이 대학 입학원서를 내고 난 이후 엄마는 내내 일손이 잡히지 않았다. 장롱을 닦다가도 한 군데만 계속 닦고 있는 자신을 발견하곤 혼자 어이없어 하는 경우도 있었다.

대학 합격자 발표일 아침이었다. 초조한 마음을 달래려고 설거지를 하려고 부엌에 들어갔지만 왠지 모르게 그릇을 깨뜨릴 것만 같아 그 마저 더 이상 계속할 수가 없었다. 바로 그때 인터넷을 통해 합격 여부를 확인한 딸의 흥분된 목소리가 들렸다.

"합격이다! 합격!"

엄마도 흥분된 목소리로 환호하면서 딸을 얼싸안았다.

한참을 지난 후 흥분을 어느 정도 가라앉힌 딸은 떨리는 목소리로 말했다.

"엄마, 미안했어요. 그동안 속 많이 썩혔죠?"

그 말을 듣는 순간 엄마는 지난 1년의 일이 주마등처럼 스쳐갔다. 그동안 힘들었고 섭섭했고 속상했던 여러 일들이 있었지만 그런 마음들이 봄눈 녹듯이 사라지면서 새로운 희망과 환희에 물들었다.

"고3이 모든 걸 다 자기 위주로 해도 되는
특별한 허가장이 아니다.
아무리 고3이라고 해도
마땅히 가족으로 해야 할 일이 있다."

그냥 엄마

엄마는 대형 마트의 생선 코너에서 일을 하고 있다. 남편이 택시 운전을 해서 벌어오는 수입으로 자식들 공부시키랴, 어렵게 마련한 아파트 융자금 갚아나가랴, 부모님 생활비 보태드리랴 살아가는 것이 빠듯하기 때문이다.

아들이 중학교에, 딸이 고등학교에 진학하게 되자 학원비라도 보태기 위해 일을 하게 된 것이다.

엄마가 하루 쉬는 토요일 오후, 아들과 딸과 함께 남편의 차를 타고 야외로 드라이브를 가게 되었다. 모처럼 네 식구가 함께한

지라 엄마는 기분이 좋았다.

　아들이 아버지 운전석 옆에 타고 엄마와 딸이 함께 차 뒷좌석에 앉아 바깥 경치를 바라보면서 길가에 핀 꽃들을 보고 환성을 질렀다.
　"와 꽃들이 참 예쁘네!"
　그러자 앞에 앉아 있던 아들이 대꾸를 했다.
　"꽃이 예쁘긴 뭐가 예뻐요."
　"그럼 꽃이 예쁘지 않으면 뭐가 예쁜데?"
　"여자가 예쁘지요."
　"그럼 엄마가 여자니까 예뻐 보이겠네."
　"아니요. 엄마가 여자예요?"
　엄마는 당황스런 표정을 지으며 말했다.
　"엄마가 여자가 아니면, 그럼 남자니?"
　"아니요. 엄마는 그냥 엄마고 내가 말하는 여자는 예쁜 배우나 탤런트예요."
　엄마는 순간 '아들이 사춘기에 접어들었구나' 하는 생각과 함께 그동안 결혼한 이후 남편과 자식 뒷바라지 하느라고 자신을 전혀 가꾸지 않은 것에 대해 일순간 후회하는 기분이 들기도 했다.

　네 식구는 야외에 있는 대형 목욕탕으로 갔다. 엄마와 딸이 같이 목욕탕에 함께 간 것은 딸이 중학교 1학년 때가 마지막이었다. 딸은 그 후 엄마와 함께 목욕탕에 가지 않았고 아예 집에서 샤워를 했으며 가끔 화장실 욕조에 물을 받아 놓고 목욕을 했다.

엄마는 목욕탕에 갈 때마다 딸에게 목욕을 가자고 했지만 그때마다 공부를 핑계 대면서 가지 않았다. 엄마도 '공부 때문에'라는 말에 약해져서 목욕탕에 가는 시간에 공부를 하려는 딸이 대견하게도 여겨졌다.

3년 만에 엄마와 딸이 함께 하는 목욕이었다. 가운을 입고 땀을 뺀 다음 아버지와 아들은 남탕으로, 엄마와 딸은 여탕으로 갔다. 엄마는 딸과 함께 목욕을 하면서 친숙하고 대견한 기분이 들었다. 엄마는 딸의 등을 밀어주었다. 딸도 엄마의 등을 밀어주었다. 목욕탕을 나온 두 모녀는 더욱 가까워진 느낌이 들었다.

목욕을 마치고 정한 시간에 목욕탕 입구에서 만난 네 식구는 식당으로 향했다. 식당에서 아버지가 입을 떼었다.

"나는 우리 아들과 목욕할 때가 제일 기분이 좋아."

그러자 엄마도 맞장구를 쳤다.

"나도 딸과 목욕을 할 때가 이렇게 기분이 좋을 줄 몰랐어요."

딸은 겸연쩍은 웃음을 지어 보였다.

집으로 돌아오는 차안에서 엄마는 앞서 아들이 "엄마가 여자예요?"라고 한 말이 떠올랐다. 그래서 남편에게 물었다.

"내가 여자로 안 보여요?"

"이 세상에서 제일 예쁜 여자로 보여. 목욕을 하고 나니 더욱 예뻐 보이네."

엄마는 행복한 기분에 젖어들었다.

엄마는 양팔로 아들과 딸의 어깨를 감싸 안으며 말했다.

"그래 엄마는 그냥 엄마다. 열심히 공부하는 너희들을 위해서 생선 코너에서 일해서 받은 돈으로 학원비를 대주는 것 외엔 제대로 뒷바라지 못하는 것이 마음에 걸리는 그냥 엄마…. 하지만 누구보다도 너희들을 사랑하는 그냥 엄마다."

보험설계사

엄마는 10년째 보험설계사다. 오전 7시에 집을 나서서 밤늦게까지 스타킹이 닳을 정도로 이곳저곳을 누빈다. 자식들에게 남편이 하던 사업이 부도가 나서 '빚쟁이 자식'이란 오명을 남겨주고 싶지 않아 시작한 일이었다.

당시 자식들이 고등학교 3학년, 중학교 3학년이었는데 학비 대줄 돈도 없이 거리에 내몰렸다. 달동네 쪽방으로 옮겨 발도 제대로 뻗을 수 없는 단칸방에서 네 식구가 둘씩 반대로 누워 자야 했다. 하지만 가족들은 서로에 대한 배려를 아끼지 않았다.

남편은 실의에 빠져 아무 일도 할 수 없을 정도였다. 엄마는 남편을 대신해서 뭐라도 해야 했지만 특별한 능력이나 기술도 없고, 나이도 있는지라 마땅하게 일할 수 있는 곳이 없었다. 하는 수 없이 일당을 받고 새벽시장에서 상인들에게 칼국수 나르는 일을 했다. 고등학교 3학년 아들의 대학 등록금을 마련해야 한다는 각오로 열심히 일했다. 하지만 체력이 뒷받침되지 않아 과로로 쓰러지고 말았다.

친지의 소개로 보험설계사 일을 시작했다. 많은 어려움이 있었다. 무안과 홀대를 당하면서 서러움이 밀려왔다. 처음에는 체면을 무릅쓰고 평소 아는 친구와 친척들을 찾아 나섰다. 하지만 이 이야기 저 이야기를 하다가 보험 가입을 부탁하면 이 핑계 저 핑계를 대면서 거절하기 일쑤였다. 자칫하면 인간관계까지 멀어지게 될 수도 있다고 생각하고 우선 평소 안면이 있는 사람에게는 부탁하지 않기로 마음먹었다. 연고가 아닌 개척에 나섰다.

비가 오나 눈이 오나, 춥거나, 덥거나 상관없이 홍보 책자와 판촉물이 든 가방을 들고 건물을 방문하기로 했다. 건물 경비원들에게 쫓겨나기 일쑤였다. 하지만 결코 포기하지 않고 건물에 들어가서 사무실을 방문하여 조금이라도 관심을 보이는 사람에게 성심성의껏 최선을 다해 보험 상품을 설명하고 그들에게 맞는 보험 가입을 권유해 나가기 시작했다. 아파트 대문에 사탕과 명함을 붙이고 다녔다.

처음에는 보잘 것 없던 수당이 차츰 불어나기 시작했다. 입사한 지 5년 만에 빚을 모두 갚고 활짝 웃었다. 그 후 3년 만에 연봉 1억 원 이상에다가 고객과의 분쟁이 단 한 건도 없는 설계사에게 주어지는 최고의 영예인 '백만 불 원탁회의' 구성원이 되었다.

이제 네 식구는 남부럽지 않은 생활을 할 수 있었다. 하지만 가장의 책임을 느낀 남편은 아내 몰래 사업을 벌였다가 또다시 실패했다. 시름과 함께 심한 스트레스가 암을 유발시켜 1년에 걸친 투병 끝에 가족들에게 "미안하다"는 말을 남기고 눈을 감았다.

어버이날 엄마는 수백송이의 카네이션과 함께 자식들로부터 카드를 받았다. 거기에는 엄마에 대한 존경과 사랑이 줄줄이 적혀 있었다.

어머니 힘드시죠? 힘내세요. 어머니 감사합니다. 은혜를 가슴깊이 간직하면서 살아가고 있습니다. 어머니 은혜에 보답할 수 있도록 반듯하게 성실한 자세로 생활해 나가고 있습니다. 염려마세요. 어머니 사랑합니다.

엄마는 자식들에게 든든함을 느끼고 다시금 용기를 가지고 오늘도 긴장의 끈을 늦추지 않고 이리 뛰고 저리 뛰면서 고객 한 사람 한 사람에게 정성을 다하고 있다.

체면을 무릅쓰고
평소 아는 친구와 친척들을 찾아 나섰다.
하지만 이 이야기 저 이야기를 하다가
보험 가입을 부탁하면
이 핑계 저 핑계를 대면서 거절하기 일쑤였다.

성감별

한 달 뒤에 첫 아기를 낳을 아내가 설레는 마음으로 남편과 함께 출산 전 마지막 진찰을 받으러 산부인과에 갔다. 여러 진찰과 검사를 마친 의사에게 아내가 조심스럽게 살며시 물어보았다.

"아들이에요? 딸이에요?"

그러자 의사가 짧게 한 마디 했다.

"공주인 것 같네요."

여자 형제가 없어 내심 딸을 바랐던 남편은 입이 찢어지도록 좋아했지만 아내는 약간의 서운함도 있었다. 뱃속에서 워낙 활발하게 움직여 아들일 것 같다는 생각을 했었기 때문이다. 하지만 이런 생각도 잠시에 그치고 정말 행복한 기분이 들었다. 귀여운 옷도 입히고 머리도 길러서 묶어주고 인형도 사주고 정말 예쁘게 키워보자고 결심했다.

그 순간, 아내는 저녁에 시댁에 가야한다는 일이 떠올랐다. 시어머니가 열렬히 손자를 바라는 사실을 알고 있는 아내는 겁이 덜컥 나기까지 했다.

시어머니는 자신이 아들만 두었는데도 이상하리만큼 아들에 집착했다. 그것은 시어머니께서 다섯 자매의 막내로 태어나 갖은 구박을 당했기에 그랬는지도 모른다고 생각하면서 남편에게 말했다.

"자기~ 어머니한테 말해야겠지? 딸이라고…."
"낳으면 알 텐데 뭘 미리 얘기해."
"그렇지만 미리 실망하시는 게 낫지 않을까?"

아내는 시댁에 가서 저녁을 먹고 시어머니와 함께 TV를 보며 운을 떼어보았다.

"어머니, 만약에 제가 딸 낳으면 어떻게 돼요?"
"어떻게 되긴…. 아들 낳을 때까지 낳으면 되지…."
"호~호~호~ 그런데요 어머니, 요즘엔 아들보다 딸이 더 낫대요. 남자들이 여자들보다 훨씬 숫자가 많아서 나중에 장가가기도 힘들대요. 예전하고 달라요. 딸들이 어려운 국가시험에도 많이 합격도 하고요. 귀여운 딸을 낳아 잘 키우면 되죠."

"그렇다고 하긴 하더라. 그래도 아들이 있어야 든든한 거야."

"그런 면도 있겠죠. 그런데 아무래도 애는 딸인 것 같아요. 움직이는 것도 그렇고 의사도 딸인 것 같다고…."

"그건 모르는 거야. 낳아봐야 알지. 사람의 마디가 천 마디가 넘는다는데 한 마디만 더 나오면 되는데 뭐…."

시어머니가 말하는 한 마디는 아들을 상징하는 것이었다. 말은 그렇게 했지만 얼굴에서 약간의 체념 같은 게 어렸다.

다음날, 아내는 시어머니와 함께 재래시장에 갔다. 평소 마트에 다니던 아내는 장보느라 사람들 틈에 부대끼면서도 많은 것을 느꼈다.

"어머니 이게 사람 사는 풍경인 것 같아요."

"그래 좀 번잡스럽기는 하지만 이런 곳이 사람 냄새가 나는 곳이야."

야채가게에는 봄나물이 가득했다. 싱그러운 기분을 느끼면서 나물을 보고 있는데 가게 아주머니가 말을 건넸다.

"며느린가 봐요? 아유, 낳을 때가 다 돼가나 보네. 배부른걸 보니 영락없이 아들이네요."

시어머니가 입이 저절로 벌어지면서 맞장구를 쳤다.

"그런 것 같죠?"

시어머니는 살 예정이 없던 야채까지 샀다. 그리고 갈치를 사러 단골가게인 생선가게를 들렀을 때였다. 생선가게 할머니가 시어머니와 함께 간 며느리를 뚫어지게 쳐다보더니 말을 건넸다.

"아유, 참하기도 하지. 노상 자랑하던 막내며느린가 보네? 가만있자 아들이구먼, 내가 이래 봐도 임산부 배보고 아들·딸 구별해서 틀려본 적이 없다니까."

시어머니는 입이 귀에까지 걸리도록 함박웃음을 터뜨렸다. 역시 살 예정이 없던 조기와 오징어, 갈치까지 샀다. 며느리는 가슴이 답답해지는 것을 느끼면서 시어머니께 한 마디 건넸다.

"어머니, 딸일 거예요. 의사도 딸이라고 했고…."

"그래, 다들 장사하기 위해서 아들이라고 하니 기분은 괜찮더라만…. 초음파로 검사한 의사의 말이 맞겠지. 나도 아들만 두고 보니 든든한 것은 있지만 그래도 딸이라도 있으면 답답할 때 속 시원하게 이야기라도 할 텐데 하는 아쉬움이 있어."

"어머니, 걱정 마세요. 제가 딸처럼 하면 되잖아요. 앞으로 어머니께서 답답한 일이 있을 때 저에게 말씀하세요."

며느리는 묵은 체증이 내려가듯이 시원함을 느끼며 시어머니의 속 깊은 정을 느낄 수 있었다. 딸을 낳을 한 달 후가 기다려졌다.

뭔 소용이여

엄마는 벼르고 벼르던 외출을 하려고 하다가도 무슨 이유가 그리 많던지 그때마다 외출을 포기하고 집안일에 나앉기만 했다.

언젠가는 가까운 친척집에 다녀오겠다고 저녁내내 옷가지를 챙기며 소풍가기 전날의 초등학생처럼 마냥 기뻐하더니, 마침 떠나려던 아침나절에 막내아들이 감기로 온몸에 열이 오르고 기침을 잦게 하는 바람에 그렇게 벼르던 외출은 흐지부지되고 말았다.

스물두 살 때, 과수원을 하는 아버지에게 시집을 와서 매일

사과나무와 흙만 매만지며 산 엄마는 항상 입버릇처럼 딸에게 말했다.

"내 이렇게 능금 농사 힘든 줄 알았다면, 애시 당초 네 아버지와는 맞선조차 보지 않았을 게다."

이처럼 엄마는 고된 일에 진력을 내다가도 비가 와서 일을 할 수 없는 날에는 일을 안 하면 온몸이 결린다면서 일거리를 만들었다.

그런 엄마가 친정아버지 칠순을 전후하여 1주일 정도 다녀 올 요량으로 오랜만에 외출 준비를 한 것이다. 1년쯤이나 어디를 다녀 올 것처럼 분주하고 흥분하면서 새벽부터 밀린 빨래를 다하고, 밑반찬을 장만하고 마당의 잡초조차 미리 뽑았다. 정말 오랜만의 외출이니 엄마의 그 들뜬 마음도 무리는 아니었다.

채비를 차리고 섬돌에 서서 흰 고무신을 신으면서 엄마는 딸에게 연신 당부했다.

"늦잠자지 않게 저녁엔 일찍 자고, 동생들 학교에 지각하지 않게 하고, 공연히 밥 많이 해서 남아돌게 하지 마. 그리고 먹다 남은 밑반찬은 흥청망청 버리지 말고 김치는 내다먹은 다음 곧바로 냉장고에 넣어두고, 아침저녁으로 아버지 방 청소를 꼭 해야 한다."

엄마는 길을 떠나기 며칠 전부터 이런 얘기들을 하루에도 몇 차례씩 되풀이했다.

엄마가 떠나고 나서 신기하게도 늦잠꾸러기 동생들은 일찍 일어나 주었고 딸도 일찍 일어나서 아침밥을 짓고 찬을 만들었다. 그리고 아버지는 손수 방 청소도 하고 마당도 쓸어주었고 엄마가 돌보던 배추밭에도 나가보곤 하였다. 저녁이면 동생들은 방에서 제각기 공부를 하고, 아버지는 늘 하던 대로 일기예보를 듣고 농사일지를 적었다.

엄마가 외가댁에 간지 이틀이 지난 저녁에 아버지는 방에서 신문을 읽고 동생들은 저마다 공부를 하고 딸은 설거지를 하고 있을 때였다. 불쑥 부엌으로 들어서는 사람이 있었다. 엄마였다. 분명 친정에서 1주일 동안 머물 것이라면서 떠난 엄마가 사흘이 채 되기도 전에 돌아온 것이었다. 엄마가 딸에게 말했다.

"집안 일이 너무 걱정 돼서 식구들과 대충 인사치레만 하고 돌아왔다."

그러면서 김치 그릇 뚜껑을 열어 냄새도 맡아보고, 찬장 문도 열어 보곤 했다. 밑반찬과 김치는 제 맛을 잃지 않았고 동생들은 말썽 없이 공부를 하고 있었다. 우르르 몰려나온 식구들을 본 엄마는 '괜한 걱정이었나' 하는 내색이 역력했다. 그때 동생이 말했다.

"며칠 더 푹 쉬다 오시지 않으시고요."

아버지도 엄마의 그런 행동이 괜한 안달 때문이라며 못마땅해 했다. 짐을 풀고 안방으로 들어간 엄마는 깨끗이 정돈되어 있는 방안을 둘러보고는 씁쓰레한 표정을 지었다.

"난 걱정이 돼서 허겁지겁 왔더니만…. 내가 없어도 너희들 거뜬히 살 수 있겠구나."

돌아앉아 버선을 벗는 엄마의 어깨가 형광등 불빛을 받아 여리고 좁아 보였다.

그런 며칠 후 딸이 외갓집에 다니러 갔다가 올 때였다. 버스 정류장까지 배웅을 나온 외할머니가 말했다.

"어릴 땐 엄마 없으면 죽는다고 울더니만, 그래 얼마 만에 내 친걸음이라고 그 새 지 식구들 생각이 나서 휑하니 가버리다니…. 자식새끼는 뭔 소용이여…."

외할머니의 섭섭해 하는 말을 떠올리면서, 딸은 그날 저녁 돌아앉아 버선을 벗던 엄마의 좁은 어깨가 자신의 눈시울에 들어와 박히는 것을 느꼈다.

당신을 어머니라 부릅니다

21살..시리도록 가슴 저린 새색시로 당신은 한 남자의 지어미가 되었습니다. 고추보다 더 맵고 얼음장보다 차가운 시집살이의 조심스런 첫걸음을 내디뎠습니다.

26살..시집온 지 5년 만에 자식을 낳았습니다. 당신은 그제야 시부모로부터 며느리 대접을 받았습니다.

32살..자식이 밤늦게 급체를 앓았습니다. 당신은 자식을 업고 읍내 병원까지 밤길을 달렸습니다.

44살..자식이 대학시험을 보러 갔습니다. 당신은 추운 겨울날 시험장 교문 앞에서 기도를 했습니다.

46살..아들이 군에 입대했습니다. 며칠 뒤 입고 간 옷가지와 신발을 장정소포로 부쳐왔습니다. 당신은 아들이 부쳐온 옷과 양말 냄새를 맡으며 눈물을 흘렸습니다.

53살..자식이 환한 얼굴로 결혼할 여자라고 하면서 집으로 데려왔습니다. 당신은 자식이 좋아하는 모습에 미소로 대답하면서 며느리로 맞아들였습니다.

60살..회갑이라고 자식이 모처럼 돈을 보내왔습니다. 당신은 그 돈으로 자식의 보약을 지었습니다.

65살..자식 내외가 함께 해외여행을 간다고 하면서 명절에 고향에 못 내려온다고 했습니다. 당신은 동네 사람들에게 자식이 바빠서 아침 일찍 올라갔다며 거짓말을 했습니다.

오직 하나 자식 잘 되기만을 바라며 살아온 한평생, 이제는 이마와 눈가엔 잔주름이 잡히고 머리엔 함박눈이 쌓여 버린 당신…. 우리는 당신을 어머니라 부릅니다.

제3부

후회의 눈물을 흘리며

회한

아들은 어머니가 돌아가신 첫 기일을 맞아 제사에 쓸 음식 재료를 손수 준비하기로 마음먹고 동대문 재래시장에 들렀다. 아들은 재래시장에 들어서자마자 돌아가시기 전까지 시골 장터에서 장사를 하던 어머니 생각이 떠오르면서 가슴이 뭉클했다.

어머니는 젊은 시절 남편을 다시는 돌아올 수 없는 하늘나라로 보내고 어린 외동아들을 키우는 데 전력을 기울였다. 생계를 위하여 아들이 다니는 초등학교에서 조금 비켜선 시장 골목에서 옥수수와 나물들을 팔았다.

이를 창피하게 느낀 아들은 수업이 끝나면 그 길에서 가장 먼 길을 택해 집으로 가곤 하였다. 멀리서 어머니의 등을 보다가 돌아온 적도 있었다. 하지만 집으로 돌아온 어머니의 굵고 풀물이 든 검은 손가락을 보면서 미안함과 고마움을 느끼면서 열심히 공부에 매달렸다.

아들의 성적은 고등학교 졸업할 때까지 항상 전교 1등을 유지했다. 어머니는 공부를 잘하는 아들이 자랑스러웠다. 어머니는 신이 나서 피곤한 줄도 몰랐다. 오직 아들만을 바라보며 열심히 일했다.

아들은 의과대학에 합격했다. 고생하는 어머니를 생각하면서 은혜에 보답한다는 각오로 열심히 노력한 결과였다. 합격한 후 어머니에게 말했다.

"어머니, 이번 한 번만 등록금을 해 주시고 제가 과외 아르바이트를 해서 대학을 졸업하도록 하겠습니다."

어머니는 단호한 어조로 대답했다.

"내가 누구 때문에 이렇게 고생하겠나? 내 입하나 풀칠하려고 이러겠냐? 의과대학은 공부를 많이 해야 된다는데 아무 걱정 말고 공부만 열심히 해라. 내가 어떤 일이 있어도 내 아들 공부 뒷바라지는 할 것이니까."

아들은 어머니의 피와 땀이 어린 뒷바라지로 의대를 졸업했다. 군의관으로 군복무를 마치고 종합병원에서 수련의 과정을 거치는 동안 결혼을 했다.

아들은 어머니를 모시고 살고 싶었다. 하지만 아내의 완강한 거부로 차일피일 미루고 있었다. 여전히 고생스런 장사를 계속하는 어머니를 보고 주위 사람들이 말했다.

"할머니, 아들이 의사라고 하던데 이제는 아들과 함께 행복한 노후를 보내지 왜 이렇게 고생을 하세요? 할머니 혼자 몸인데 돈은 벌어 어디에 쓰시려고 그래요?"

"아들이 같이 살자고 하도 성화를 부리지만 답답한 아파트에는 살 수가 있어야 말이지…. 그리고 내가 어디 돈 벌려고 장사하겠소? 아들이 매달 꼬빡꼬빡 풍족하게 돈을 보내주고 있지만 일을 해야 건강에 좋으니까 이러고 있지."

장사를 계속하던 어머니가 몸아 아파 몸져눕게 되었다. 아들은 어머니를 자신이 근무하는 병원으로 옮겨 6개월 동안 정성스레 간호했지만 어머니 병세는 점점 악화되어 갔다.

어느 날, 병실에서 어머니가 아들을 불러 무언가를 건네며 말했다.

"이거 통장이야. 네가 앞으로 병원 개업할 때 처갓집에 신세지지 말고 보태도록 해라. 항상 네 마음 지니고 살아야 한다."

며칠 뒤 어머니는 눈을 감았다. 아들 마음속에 어머니에 대한 고마움과 죄스러움이 파도처럼 밀려왔다. 어머니가 돌아가신 이후로 아들은 새벽마다 일어나 속죄의 기도를 하고 있다.

아들은 어머니의 첫 기일을 맞아 음식 재료 준비를 아내에게 맡기지 않고 손수 준비하기로 마음먹었다. 재래시장을 찾은 것은 예전에 자신을 뒷바라지하기 위해 평생을 시골 장터에서 쪼그리고 앉아 장사를 하던 어머니가 그리웠기 때문이다.

동대문 재래시장에 들러 기일에 쓸 음식 재료를 샀다. 재래시장을 벗어나 종로5가의 인도를 걸어가게 되었다. 인도 한쪽에는 노점이 늘어서 있었다. 어머니와 비슷한 나이의 할머니들이 노점에 앉아 장사하는 모습도 많이 눈에 띄었다. 시골 장터의 한 귀퉁이에서 장사하던 어머니의 모습과 흡사했다.

한 할머니가 동양란 몇 십 촉을 놓고 있었다. 아들은 쪼그리고 앉아서 난 키우는 방법을 물은 다음 할머니가 부르는 가격을 깎지 않고 동양란을 전부 샀다.

길을 따라 걷다보니 인도 한쪽에서 조그마한 솥을 놓고 옥수수와 고구마를 찌는 할머니의 모습이 보였다. 옥수수를 팔았던 어머니 생각에 울컥 하는 마음이 들었다. 찐 옥수수와 고구마를 가득 샀다. 바로 옆에 열심히 바지락을 까는 할머니 모습이 보였다. 손가락 마디에 검푸른 굳은살이 보였다. 할머니가 까놓은 바지락을 전부 샀다.

그 옆에서 일흔이 넘은 할머니가 단감을 팔고 있었다. 바지락을 사고 있는 자신을 향해 할머니가 나지막한 소리로 말했다.
"한 개 천 원인데, 일곱 개에 만 원…."
아들은 얼른 만 원을 건네며 감을 샀다. 아들은 할머니가 일곱 개에 오천 원을 잘못 말한 줄 알고 있었지만 기분 좋게 돈을 지불했다. 아들의 손에는 검정 비닐봉지가 주렁주렁했다. 어머니 냄새가 났다. 풋풋하고 포근한 기분이 들었다.

집으로 들고 들어가자 백화점이나 대형 할인점에만 다니는 아내가 의아한 표정을 지으며 말했다.
"당신, 이게 뭐예요?"
"어머니 생각이 나서…."
아들의 눈에는 눈물이 고여 있었다.

외로움

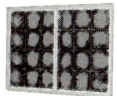

아들은 출근할 때 좀처럼 뒤를 돌아보지 않는 성미였다. 그러나 어머니를 모시고 나서는 아무리 급하게 집을 나서더라도 뒤를 돌아보거나 아파트 창문을 바라보는 버릇이 생겼다. 어머니가 언제나 창문을 열고 아들을 내려다보고 있기 때문이었다.

어머니의 그런 모습을 보고 있노라면, 아파트 방에 가둬놓고 잠깐 면회나 한 후에 훌쩍 떠나는 듯한 느낌이 들어 '죄를 짓고 있는 것은 아닐까?' 하는 생각에 빠져들곤 했다.

어머니는 함께 살자는 아들의 청을 처음에는 한사코 거절하였다. 아버지가 돌아가시자 어머니를 서울로 모시겠다고 시골로 내려갔지만 어머니는 막무가내였었다.

　어머니의 연세가 어느 듯 일흔이 넘었기에 아들은 꿈자리가 조금만 뒤숭숭해도 전화를 걸어 시골 읍내에 사는 삼촌댁을 귀찮게 하면서 직접 가보게 했다. 어머니는 자신 때문에 아들이 너무 신경을 쓰는 것 같아서 아들과 함께 살게 된 것이었다.

　아내도 남편을 출근시키고 난 후 운영하는 학원으로 출근을 했다. 아들 내외는 항상 바빠서 늦게 들어오기 일쑤였다. 손주 아이들도 제각기 일들이 많아서 가족들이 한자리에 모여 앉아 식사할 기회가 거의 없었다.
　아들 내외는 노모를 파출부에게 맡겨놓고 바깥일에 열심이었다. 함께 사는 어머니의 얼굴빛은 늘 좋아 보이지가 않았다. 허리 펼 틈이 없던 농사일처럼 힘든 일은 없지만, 어머니는 외로워하는 것 같았다.

　이렇게 어머니와 함께 하는 시간이 부족한 자신들이 죄송하고 마음에 걸려서 노모에게 옷과 먹을거리를 자주 사다드렸다. 나중에는 어머니를 위해서 전기안마의자를 사 드렸다. 이렇게 자주 물건을 사다드려야 노모와 시간을 같이 못하는 자신들의 마음이 편해지는 것 같았다.

세월이 흐르고 노모가 노환으로 세상을 떴다. 아들 내외는 노모가 가시는 마지막 길에 예전에 사다 준 값비싼 옷이며 장신구들을 넣어주려고 노모의 방에 가서 찾았지만 아무것도 없었다. 깜짝 놀라 파출부 아주머니에게 묻자 자초지종의 대답을 들을 수 있었다.

"할머니께서 오래 전부터 하나둘씩 덜어내어 노인정에 갈 때마다 가지고 가셨어요. 이 담에 나 죽고 나서 자식들이 이거 다 치우려면 마음 아프지 않겠냐고 하면서…. 그래서 없애는 거라고 하셨어요. 아마 노인정 할머니들에게 주었을 거예요."

장례식 날, 노인정의 많은 할머니와 할아버지들이 오셔서 노모에 대한 칭찬의 말을 했다.

"할머니께서 노인정에 오실 때마다 보따리에 가득 선물을 가지고 오셨는데…."

그 중에 어떤 할머니는 장례식에 오면서 노모에게 사다드렸던 옷을 입었고, 어떤 할머니는 노모에게 사다드린 가방을 들었고, 어떤 할머니는 노모에게 사다드린 장신구를 하고 있었다.

평소 어머니의 옷장에는 보자기가 가득했다. 자식 내외가 사다 준 선물들을 그저 눈으로만 한 번 본 뒤에 크고 작은 보자기에 담아 노인정에 가져다주신 것이었다. 넉넉한 마음과 함께 자식 내외가 사다 준 노모의 유품을 보고 마음이 아릴까봐 그 흔적을 지우고 가신 어머니였다.

후회의 눈물을 흘리며

아들은 언젠가 어머니에게 "어머니 심심하지 않으셨어요?" 하고 묻자 "친구가 따로 있냐? 텔레비전이 친구지" 하던 말이 떠올랐다.

'어머니는 얼마나 외로웠을까? 어머니는 아침마다 아파트 창밖으로 아들의 뒷모습을 내려다보면서 아버지를 생각하고 고향을 그리워하신 것은 아니었을까? 어머니는 노인정에서 돌아와 파출부가 차려놓은 저녁을 드시고 빈집에 혼자 계셨을 것이다. 어머니는 시골 흙냄새 나는 고향마을을 그리며 혼자서 외로움과 적막함을 삭이고 참아내었을 것이다.'

아들 내외는 후회가 밀려왔다.
'쓰지도 않는 선물보다는 오순도순 어머니와 저녁을 함께 하고 정겨운 이야기를 나누었어야 했는데…'
자식의 발길이나 대화가 어머니에게는 더 큰 기쁨이었다는 것을 뒤늦게 깨달았다.

딸을 찾습니다

딸이 초등학교에 입학하던 해, 아버지가 지병으로 돌아가셨다. 갑자기 당한 일이라 가족들은 어찌할 바를 몰랐다. 망연자실한 엄마는 한동안 정신을 차리지 못했고, 아버지를 잃은 어린 딸은 아빠 없는 생활이 낯설기만 했다.

아버지의 월급에만 의존하던 생활이라 아버지가 돌아가신 후 남은 가족은 생계 문제에 부닥쳤다. 집안에서 살림만 하던 엄마로서는 일정한 직장도 구할 수 없어 겨우겨우 교통사고 보상금과 친정에서 주는 얼마간의 돈으로 연명하는 생활이었다.

딸이 초등학교 5학년 때, 보다 못한 외할머니가 엄마에게 재혼하는 게 어떻겠냐는 뜻을 내비쳤다. 엄마는 어린 딸이 상처받을까 싶어 싫다고 했지만 외할머니는 완강했다.

"꼴이 이게 뭐냐? 네 집 한 칸 변변히 없으면서…. 거기다 네가 돈을 제대로 버는 것도 아니지 않니? 이대로 가다가 저 어린 것 대학교는커녕 중·고등학교나 제대로 마치려나 모르겠다. 아이를 위해서라도 재혼해서 자리 잡는 게 차라리 나을 거다. 그렇게 하도록 해라."

외할머니뿐만 아니라 이모, 외삼촌 등 엄마 재혼에 대한 외갓집의 집요한 설득이 펼쳐졌다. 결국 엄마는 친정식구들 설득에 넘어가 재혼을 수락하고 말았다. 엄마의 재혼 상대는 이모 친구의 오빠로 3년 전에 교통사고로 아내를 잃고 초등학교 2학년생인 딸이 하나 있었다.

결혼 한 달 전에 이모가 찾아와 딸에게 엄마 대신 재혼 사실을 알렸다.

"너도 말귀 알아들을 나이니까 이야기할게. 여자 혼자 자식 키우면서 사는 게 참 쉬운 일이 아니야. 이모 생각엔 엄마가 좋은 사람 만나서 재혼하는 게 어떨까 싶어. 그러면 엄마도 좀 더 편하고, 네 장래를 위해서도 좋을 거야. 엄마가 지금 좋은 사람 만나고 있는데 그 사람이 마음에 든대. 너한테도 잘해 줄 것 같고…. 엄마 마음 네가 조금만 헤아려 주면 안 될까?"

딸은 입을 꼭 다물고 있었다. 갑자기 서럽고 허전한 생각이 들었다. 혼자 남겨진 듯한 외로움에 눈물이 났다. 하지만 엄마를 위한 일이라니 이해하기로 마음먹었다.

엄마는 결혼을 했고, 딸은 엄마를 따라 새아버지 집으로 들어갔다. 아빠와 어린 여동생이 새로 생겼지만 딸은 기쁘지 않았다. 엄마는 새 동생에게 좋은 새엄마가 되었고, 새 동생도 그런 엄마를 잘 따랐다. 하지만 그 모습을 보는 딸의 마음은 엄마를 뺏긴 것 같은 서운함으로 가득 찼다. 괜히 심통도 부리고, 새로 생긴 여동생을 구박하기도 했다. 새아버지도 딸에게 잘해 주려고 노력했지만, 이미 돌아선 딸의 마음을 돌리기엔 역부족이었다.

엄마는 이런 딸이 때로는 야속해 화가 나서 야단을 쳐 보기도 하고, 때로는 안쓰러운 마음에 달래보기도 했지만 아무 소용이 없었다. 점점 더 딸과 엄마의 갈등은 심해졌고, 급기야 고등학교 2학년 여름방학 때에 딸은 가출을 했다.

엄마는 당황하여 어찌할 바를 몰랐다. 집 나간 딸이 행여나 잘못 되었을까 싶어 마음이 타들어갔다. 백방으로 딸이 있을만한 곳을 수소문하고 돌아다녀 봤지만 찾을 수가 없었다. 엄마는 최후 수단으로 신문에 광고를 내기로 했다.

신문에 딸을 찾는 광고가 게재되었다. 그런데 정작 광고에는 찾는 딸의 사진이 아니라 엄마의 사진이 실려 있었다.

딸을 찾습니다. 이 사진의 엄마가 딸을 애타게 찾고 있습니다.

엄마는 딸의 사진을 실으면 딸을 알아보는 사람 때문에 훗날까지도 딸을 욕되게 할 수 있다고 생각하고 자신의 사진을 실은 것이었다. 우연히 이 광고를 보게 된 딸은 통곡했다.
'아 엄마는 집을 나가서 애를 먹이는 이 자식을 욕되게 하지 않으려고 엄마가 오히려 수치를 당하는구나.'
딸은 엄마 속만 썩이고 이렇게 가출까지 해 엄마 애만 먹이는데. 엄마 사진과 광고만으로도 깊은 마음을 알 것 같았다. 집으로 돌아와서 엄마에게 회한의 눈물을 흘리면서 말했다.
"엄마 사랑이 이렇게 깊은 줄 몰랐어요. 엄마, 이제는 엄마 곁에서 열심히 공부할게요."
엄마는 딸의 눈물을 닦아주며 포근히 안아 주었다.

유전자 검사

아들은 생후 9개월에 주사를 잘못 맞고 하반신 마비가 됐다. 공교롭게도 몇 년 후에 엄마가 갑작스레 중병을 얻었다. 집안은 경제적으로 어려움을 맞이했고, 엄마 병간호로 인해 아들을 따로 돌보는 시간을 내기도 어려웠다. 할 수 없이 이웃에 살던 아주머니의 주선으로 아들은 아동보호기관에 맡겨졌다.

그러나 생활고에 치인 부모는 아이를 찾으러 갈 여유조차 나질 않았고, 부모가 나타나지 않자 무연고 아동으로 분류된 아들은 4년 후 재활원으로 옮겨져 그곳에서 생활해 왔다.

당시의 상황으로는 어쩔 수 없었다고 해도 부모는 자식을 버렸다는 죄책감으로 늘 가슴앓이를 하며 살아왔다. 주변이 어느 정도 정리된 후에 아들을 찾으려고 백방으로 수소문해 봤지만 자료가 남아있지 않아 그 어디에서도 아들의 행방을 찾을 수가 없었다.

아버지는 아들을 찾아 용서를 구할 수만 있다면 죽어도 여한이 없을 것 같았다. 사진사로 전국을 떠돌면서 아들을 찾았다.
'지금은 아홉 살이 되었겠지…. 학교는 다니고 있을는지….'
'지금은 스무 살이 되었겠지…. 멋진 청년이 되어 있을까….'
아들과 조금이라도 닮아 보이는 사람이면 예사로 보이지 않았다. 때로는 아들과 닮은 아이의 머리를 무작정 쓰다듬어 이상한 사람 취급을 받기도 했다. 하지만 어느덧 아버지도 나이가 들어 노환으로 눕게 되었다. 이제 아들 찾는 일은 중단할 수밖에 없었다.

시설에 맡겨져 성장한 아들은 아들대로 부모가 그리웠다.
'내 부모는 누구지?'
'나는 어디서 태어났지? 왜 여기까지 오게 되었을까?'
'가족이 있다면 한 번 만나보고 싶은데….'
때로는 자기를 버린 부모가 원망스럽기도 하고, 버려진 이유가 장애 때문인 것만 같아 움직이지 않는 다리를 노려보기도 했다. 그래도 딱 한 번만이라도 자신을 낳아 준 부모를 만나고 싶었고 어떤 사연이 있는지도 알고 싶었다.

그러다 우연히 사회복지재단에서 유전자를 이용한 '친자 찾기 프로그램'을 운용한다는 사실을 알게 되어 신청서를 내보았다.

신청을 한 지 5개월 후, 아들은 한 통의 전화를 받았다. 유전자가 일치하는 가족을 찾았다는 소식이었다.

그로부터 며칠 후, 아들이 생활하고 있는 재활원으로 누군가 찾아왔다. 엄마와 누나였다. 근 30년 만의 극적인 만남이었다. 아들은 잠시 넋이 나간 표정으로 엄마를 뚫어지게 쳐다보았다. 엄마 역시 실감이 나지 않는지 엉거주춤 서서 아들을 바라보기만 했다.

잠시 후 누가 먼저랄 것도 없이 엄마와 아들은 끌어안고 한없이 울었다.

"어머니, 정말 제 어머니 맞아요? 정말 저를 낳아 주신 분이세요? 정말 보고 싶었어요. 어머니라고 불러 보고도 싶었어요."

"그래, 내가 엄마다. 이렇게 살아 있었구나. 내가 잘못했다. 잘못했어. 용서해다오. 정말이지 보고 싶었다. 한날한시도 네 생각 안 한 적이 없었어."

엄마 역시 아들을 찾을 수 있나 싶어 유전자 검사를 신청했기에 만남이 가능했던 것이다. 하지만 가족을 찾았다는 기쁨도 잠시, 너무 오랜 세월이 흐른 탓에 아들에게는 낯설 뿐이었다.

아들은 집으로 가서 병석에 누워 있는 아버지를 만났다. 그러나 가족이라는 실감은 들지 않았다. 자신이 보호시설에 맡겨진 후 태어난 동생들과의 만남도 어색하기만 했다. 그건 동생들도 마찬가지였다. 잃어버린 형에 대한 이야기는 들어왔지만 막상 마주치자 어떻게 해야 할지 몰랐다. 그토록 그리워하던 가족이란 둥지를 찾아왔지만 아직은 생소한 공간이었다. 그래서 선뜻 가족으로 받아들이기 어려웠다.

이런 아들을 보는 엄마의 가슴은 메어질 듯했다. 자신의 실수로 아들을 장애인으로 만들었다는 죄책감과 그런 아들을 돌봐주기는커녕 버리기까지 했다는 미안함에 그저 눈물만 흘릴 따름이었다.

가족을 만나고 다시 재활원으로 돌아온 아들은 일이 쉽게 손에 잡히지 않았다. 자기가 어떻게 해야 하는지 알 수가 없었다. 잠시였지만 자신이 맛본 가족의 품은 따뜻했다. 하지만 그렇다고 해서 무작정 그 포근함을 받아들일 수는 없었.

엄마는 아들이 가족의 존재를 받아들일 때까지 기다렸다. 무작정 집에 가자고 재촉하기보다는 시간 날 때마다 음식을 싸 들고 아들을 찾아와 같이 산책도 하고 대화도 했다.

아들은 가끔씩 병석에 누워 계신 아버지가 보고 싶어 한다는 말을 듣고 집에 가기도 했다. 그럴 때마다 아버지는 그저 아들의 손을 꼭 잡고 물끄러미 바라보며 눈물만 흘렸다.

점차 아들의 마음이 열리기 시작했다. 엄마는 때때로 누나나 동생들을 데리고 재활원에 찾아와 함께 시간을 보내도록 했다. 아들이 집에 가는 일도 잦아졌다. 자주 얼굴을 대하니 한결 더 친근해졌다. 동생들도 이제 스스럼없이 "형"이라고 부르면서 장난도 친다.

마침내 아들이 완전히 집으로 돌아왔다. 집안은 마치 잔치라도 벌이는 듯 들썩였다. 모처럼 아버지도 자리를 제치고 일어났다.

엄마는 오늘 같은 날 가족사진을 찍어 두고 싶다고 했다. 그래서 가족들은 모두 사진관으로 향했다. 30년 만에 모든 가족이 한자리에 모여 사진을 찍으며 행복한 웃음을 지었다.

교도소

아들은 교도소에 있었다. 먼 길을 마다 않고 첫 면회를 온 어머니는 창 너머로 고개 숙인 채 땅만 내려다보고 있는 아들에게 한마디 말도 건네지 않고 그저 바라만 보고 있었다. 잠시 침묵이 흐른 후 어머니는 떨리는 목소리로 한마디 던졌다.

"춥지?"

그때서야 아들이 숙인 고개를 들어 잠깐 어머니의 얼굴을 쳐다보았다. 어머니는 그렁그렁 눈물이 고여 참느라고 눈가가 붉어졌다. 어머니와 아들은 서로의 얼굴을 한참 쳐다보면서 무언의 대화를 나누었다. 아들이 어머니에게 말했다.

"어머니 죄송해요…."

"죄송하긴…. 세상을 살다보면 실수할 때가 있는 거야. 다시는 그 실수를 되풀이하지 않는 것이 중요해."

아들은 어머니를 물끄러미 쳐다보면서 미안함과 겸연쩍은 표정을 지었다.

한 달여가 지난 후에 형이 면회를 왔다. 아직도 잘못을 뉘우치기는커녕 변명을 늘어놓는 동생을 보고 혀를 차며 말했다.

"야 이놈아! 아직도 정신을 못 차리느냐? 지금 어머니께서 어떻게 지내시는지 너는 모르지?"

이 이야기를 듣는 순간 동생은 뭔가 어머니에게 잘못된 일이 일어났다는 불길한 느낌이 들었다. 다급하게 사정을 다그치자 형이 대답했다.

"어머니께서는 너의 잘못은 곧 당신이 자식을 잘못 키운 탓이라고 생각하고 죄 값을 같이 치르겠다고 하신다. 며칠 전, 내가 회사 일도 뒷전에 미뤄두고 고향에 계신 어머니 안부가 걱정이 되어 찾아갔었다. 그런데 집안에 들어서는 순간 분위기가 이상했다. 뭔지 모르게 싸늘하고 온기 하나 없었다. 그 엄동설한 1월의 맹추위가 기승을 부리던 날에 어머니께서는 보일러 불을 끄시고 냉방에서 감옥 생활 아닌 감옥 생활을 스스로 하고 계셨다. 그래서 감기 몸살에 걸리셨다. 결국 내가 어머니를 모셔왔는데 자식이 지은 죄를 용서해 달라고 매일 기도로 하루를 보내신다."

후회의 눈물을 흘리며

동생은 형으로부터 이러한 말을 듣고는 뜨거운 눈물이 두 눈에 솟구쳐 올랐다.

며칠 후 어머니에게서 편지가 왔다. 거기에는 이렇게 적혀 있었다.

그곳이 감옥이라고 생각하지 말고 마음을 수양하는 수도원이라고 생각하고 생활해라.

그동안 규칙적인 생활과 거리가 멀었던 아들에게 수형 생활에서의 규칙들과 노동은 힘든 일과였다. 어머니 편지는 아들이 앞으로 지내야 할 수형 생활의 방향과 질을 정해주는 훌륭한 일침이 되었다.

그동안 나태하고 쾌락에 물들었던 무기력함을 반성했다. 아들은 아무런 죄도 없는 어머니가 자신과 같은 생활을 하는 것을 생각하고 옳은 생각과 바른 행동을 하려고 노력했다.

그러던 중 교도소 안에 한글을 모르는 죄수들을 가르칠 교사를 구한다는 소식을 듣고 지원했다. 그러나 주변에서는 아들의 결정을 말렸다. 하루 이틀도 아니고 낮에는 교도소 내 공장에서 일하고 저녁에 또 가르치려면 얼마나 힘든 일인데, 하다가 중간에 포기하지 말고 아예 시작하지 말라고 했다.

하지만 아들은 그동안 한 번도 타인을 위해 희생하는 마음을 가지지 않았고, 남을 위해 어떤 봉사도 하지 않았던 자신의 과거를 반성하면서 기꺼이 야학 교사를 하겠다고 자청했다. 비록 하루하루가 힘들고 피곤한 생활이지만 가르치는 일을 통해 봉사의 보람과 기쁨을 느꼈다.

어머니가 면회를 왔다. 그동안 아들의 마음의 변화와 행동에 대하여 편지를 통하여 알고 있었다.
"이제 네 모습을 보니 즐겁고 기쁘다."
어머니는 오랜만에 밝게 웃으며 눈에는 눈물이 맺혔다. 그 눈물은 슬픔의 눈물이 아니라 기쁨의 눈물이었다. 아들도 기분이 좋아져서 어머니에게 말했다.
"어머니께서 이 철없는 불효자식을 변화시켰습니다. 어머니! 감사합니다."

뉘 집 딸인지

딸이 중학교 1학년 때의 일이었다. 엄마가 인근 상가에 가고 있는데 학원에 간다고 나간 딸이 친구와 함께 상가 근처를 배회하고 있는 것이 아닌가! 엄마와 마주친 딸은 당황한 눈빛이 역력했다. 이때 엄마가 딸에게 애써 환한 미소를 지으며 한마디 던졌다.

"뉘 집 딸인지 어디서 많이 본 아가씨 같네."

그런 다음 엄마는 아무런 일도 없었다는 듯이 그 자리를 떠나 버렸다. 딸의 얼굴은 안도의 모습이 아니라 미안하고 계면쩍음으로 점철되어 홍당무 빛깔이 되었다. 같이 학원에 다니던 딸과 친구는 그 달에 학원 등록을 하지 않고 이미 학원 수강료를 노는데 쓰고 있는 중이었다. 옆에 있던 친구가 물었다.

"뉘 네 엄마 친구야?"

"아니 우리 엄마야."

친구는 몹시 놀라는 표정을 지으며 말했다.

"어떻게 엄마가 아무런 꾸중도 하지 않고 저렇게 할 수 있어?"

딸은 친구의 말을 듣는 둥 마는 둥 하고 친구 손을 이끌고 급히 학원으로 갔다. 딸은 학원에 가서 사정사정했다.

"며칠 뒤 시작되는 다음 달에 꼭 등록을 할 테니 우리 엄마가 물으면 오늘 수업만 빠진 것으로 해주세요."

집으로 돌아온 딸에게 엄마는 더 이상 학원 수강에 대해 묻지를 않았다. 다음 날 엄마는 학원으로 전화를 걸어 딸의 학원 출결에 대해 물었다. 그러자 학원에서는 딸이 부탁한 내용까지 소상하게 말해 주었다.

"어제 학생이 와서 다음 달 학원에 등록할 테니 이번 달에 등록하지 않은 것을 말하지 말고 수업만 빠진 것으로 말해 달라고 했어요. 학생이 사정사정하며 부탁했지만 교육상 어머니에게 알려드려야 할 것 같아 말씀드리는 거예요."

엄마는 학원에서 들은 이야기로 딸을 추궁하거나 전혀 내색하지 않고 평소처럼 딸을 대했다. 딸은 며칠 동안 학원에 간다고 집을 나와서 근처 독서실에 가서 공부를 했다.

후회의 눈물을 흘리며

그러다가 학원에 다시 등록하자 학원에서 딸에게 엄마에게 전한 이야기를 말해주었다. 순간 딸은 당혹함과 함께 엄마에 대한 고마움으로 가슴이 벅차올랐다.

집으로 돌아온 딸은 엄마에게 무릎을 꿇고 눈물을 흘리며 말했다.

"엄마 내가 잘못했어요. 친구와 노는 것이 재미있고, 용돈이 필요해서 그렇게 했어요. 다시는 안 그럴게요. 반에서 꼭 1등할 거예요."

엄마는 아무런 말도 하지 않고 환한 웃음을 지으며 딸을 포옹했다. 그러면서 딸의 어깨를 두드리며 딸의 귀에다 속삭였다.

"이번 시험에는 6등 안에만 들면 돼."

하지만 지난 번 시험에서 8등을 했던 딸의 성적은 오히려 떨어져 12등이었다. 딸이 미안한 표정을 짓자 엄마가 말했다.

"12등도 잘한 거야. 너보다 성적이 못한 애들이 얼마나 많은데…."

딸에게 있어서 엄마의 이와 같은 태도는 담금질이 되어 공부에 매진해 나가도록 하는 원동력이 되었다.

이제 딸은 대학을 졸업하고 직장에 3년째 다니고 있다. 딸은 해마다 여름철에 있는 자신의 생일에 어머니에게 선물을 하거나 봉투에 돈을 넣어 전한다. 사랑이 가득 담긴 편지와 함께…. 해마

"엄마는 내가 자랄 때 절대로 화를 내지 않으셨어요.
화내지 않고도 사랑하는 방법을 알고 있었어요."

다 그 내용이 조금씩 다르긴 하지만 어머니에 대한 존경과 사랑의 메시지로 빼꼭히 채워져 있다.

엄마 감사해요. 이 더운 여름날 저를 낳으시고 산후 조리하느라고 얼마나 고생하셨어요. 오늘은 제가 축하를 받아야 하는 날이 아니라 엄마가 축하를 받아야 하는 날이에요. 나도 시집가면 엄마처럼 사랑과 믿음으로 자식을 키울 거예요. 엄마 사랑해요. 아이 러브 유^^.

엄마와 딸이 제주도로 여행을 갔다. 저녁에 숙소로 돌아와 와인 한 잔을 나누며, 딸이 말을 건넸다.

"엄마는 내가 자랄 때 절대로 화를 내지 않으셨어요. 화내지 않고도 사랑하는 방법을 알고 있었어요. 내가 중학생 시절에 방황하여 자칫 나쁜 길로 빠질 수도 있었어요. 학원에 간다고 해놓고 길에서 놀고 있는 나에게 엄마가 '뉘 집 딸인지 어디서 많이 본 아가씨 같네'라고 했던 그 한 마디가 나를 바로 세울 수 있었던 결정적 계기가 되었어요. 엄마는 정말 지혜가 있는 분이에요. 그리고 평소 엄마가 끊임없이 독서하고, 영어 회화 공부도 열심히 하는 것이 나에게 커다란 본보기가 되었어요. 이제 엄마가 방송통신대학교에 편입하여 내 또래의 젊은 학생들과 스터디 모임도 하고 밤늦도록 공부하는 모습이 정말 보기 좋아요. 우리 엄마 파이팅!"

자식 복

다섯 남매를 둔 어머니는 다섯 손가락 깨물어 안 아픈 것 없다는 말처럼 자신에겐 더할 수 없이 소중한 자식들이다.
　그런데 다섯 남매 중에서 어머니 가슴에 맺혀있는 자식이 있다. 바로 큰아들이다. 벌써 서른 살의 청년이지만 아직도 구만리 같은 앞길을 풀어가야 할 자식에게 어머니는 죽을 때까지 갚지 못할 빚을 지고 있다.

　지긋지긋한 가난 속에서도 오직 문학만을 위해 질주하던 남편이 시름시름 앓기 시작하더니 6년 전에 기어이 쓰러지고 말았다.

병원에서는 당뇨병의 합병증에 의한 신부전증으로 콩팥 이식 수술을 하지 않으면 3개월을 넘기기 힘들다는 사형 선고 같은 진단을 내렸다. 어머니는 남편을 살려야겠다는 생각에 아무 경황이 없었다.

그때 아들은 대학에 다니다 휴학을 한 후 아르바이트를 하고 있을 무렵이었다. 큰아들은 심성이 착했다. 그런 아들이 아버지의 꺼져가는 생명을 그냥 보고 있을 리가 만무했다. 아들은 어느새 의사에게 자기의 신장을 아버지에게 이식하겠다고 약속했다. 그리고 의사는 어머니를 불러 최종 결정을 하라고 말했다. 어머니는 울면서 생각했다.

'나는 전생에 무슨 죄를 지었기에 남편과 자식의 목숨을 놓고 저울질하는 어미가 되었을까?'

하지만 어머니는 마음의 갈피를 잡지 못하고 정신이 반은 나간 상태에서 수술 서약서에 도장을 찍고 말았다.

수술 날이 다가왔다. 아버지와 큰아들이 침대에 실려 수술실로 들어가자 어머니는 지옥의 나락으로 떨어지는 심정이었.

수술이 끝난 후 아픔을 이기지 못해 이를 악물면서도 아버지의 건강부터 물어오던 아들의 모습을 보면서 가슴이 찢어지는 심정이었다. 그때 어머니는 그런 든든한 아들을 두었다는데 대해 감사한 마음이 들었다.

그러나 수술은 실패하고 말았다. 아들의 배까지 가르며 애쓴 보람도 없이…. 아버지는 결국 3년 후 세상을 떠났다.

어머니는 아들이 깊은 잠에 떨어졌을 때 드러나는 복부에 남아있는 굵은 수술자국을 볼 때마다 자식에게 진 잊을 수 없는 큰 빚에 짓눌리곤 했다.

가정형편 때문에 학업을 중단해야만 했던 큰아들. 그는 아직도 제갈 길을 못 정하고 방황하고 있다. 나름대로 고민하고 애쓰는 모습을 볼 때마다 어머니의 가슴이 답답해지고 한없이 미안한 생각이 들었다.

큰아들은 가끔 기분 좋게 술이라도 한잔하면 싸구려 노점에서 어머니의 속옷을 사오곤 했다.

명절에 다섯 남매를 앞세우고 아버지 산소를 찾을 때면 어머니가 우울해 할까봐 서로 웃기기도 하고 재미있는 이야기를 해주는 모습을 보고 어머니는 대견해 하면서 생각에 잠긴다.

'남편 복이 없으면 자식 복이라도 있으라는 신의 배려에 감사합니다.'

엄마도 여자다

딸은 아파트 마당의 멍석 위에 널린 고추를 한줌 움켜쥐고 그리운 고향 냄새를 들이켰다. 가슴속으로 스며드는 고추 향내에 눈물이 핑 돌았다. 그 고추 냄새 속에서 어린 날 자신의 모습이 어른거렸다.

휘어진 엄마의 허리는 가을이 되면 더욱 굽어졌다. 열 마지기나 되는 밭을 남의 손 하나 빌리지 않고 억척스럽게 하느라 허리를 펼 날이 없었다. 밭농사뿐만 아니라 가게를 돌보는 일, 배에서 잡아온 어물들을 공판장에 내다 파는 일도 모두 엄마의 몫이었다.

그래서 가을이 되어 동네 아주머니들이 예쁘게 치장하고 여기 저기 단풍놀이를 떠날 때도 엄마는 가지 않았다. 아니 갈 수가 없었다. 하루만 자리를 비워도 집안이 엉망이 되고 밀린 일 더미는 눈덩이처럼 불어나 엄마의 손만 기다리고 있었기 때문이다.

그런 엄마의 가을은 앞마당에 빈틈없이 널려있는 붉은 고추더미에서부터 왔다. 농약을 치지 않은 고추들은 벌레가 많이 먹어서 일일이 손질을 해서 말려야 했다. 쳐다만 봐도 매워서 재치기가 나는 고추를 엄마와 이마를 맞대고 다듬으면서 딸은 늘 꾀를 피웠다. 숙제가 많다고, 머리가 아프다고 핑계를 대면서 어떻게 하던지 그 자리를 모면하고 싶어 안달을 했다. 그럴 때마다 엄마는 가서 쉬라고 했다. 너무도 철이 없었던 딸은 엄마만 덩그러니 마당에 홀로 두고 만세를 부르며 방안으로 들어와 버렸다.

그러던 어느 날 문득 고개를 들고 바라본 창문 밖으로 혼자 고추를 다듬고 계신 쓸쓸한 엄마의 모습을 발견하게 되었다. 순간 눈물이 핑 돌았다. '엄마는 혼자다' 하는 생각이 아프게 박혀 들어왔던 것이다. 딸은 차마 그냥 있을 수가 없어서 자리를 박차고 일어났다. 아프다던 딸이 가위를 들고 다시 나오자 엄마는 자신의 피로보다 딸이 더 걱정스러워 눈이 휘둥그레졌었다.

"아프다면서 왜 나왔어? 오늘은 그냥 쉬어라."

그런 엄마 곁에서 딸은 말없이 고추를 다듬었다. 벌레 먹은 곳을 잘라내고 꼭지를 따면서 재채기가 나오고 눈물이 나도 꾹 참으며 온종일 엄마와 함께 있었다. 그렇게 하여 마당에 가득 쌓인 고추가 한 무더기씩 창고 속으로 들어가고 나면 알곡을 터는 일이 남아 있었다. 고추를 널었던 멍석에다 알곡 단을 놓고 엄마와 번갈아 가며 도리깨질을 했다.

도리깨질을 한 번 할 때마다 와르르와르르 쏟아지는 알곡들이 멍석 밖으로 많이 튀어 나가지 않게 하려면 요령이 필요했다. 딸은 한 번 내려치기만 하면 소복소복 그대로 멍석 위에 쌓일 것처럼 보였던 알곡들이 사방으로 흩어지는 모습을 보고 오기가 생겼다. 팔이 아프고 땀이 비 오듯 쏟아져도 이를 악물고 연신 도리깨를 내리쳤다. 하지만 딸의 마음을 비웃기라도 하듯 알갱이들은 멍석 위에 남아 주지 않았다. 이 모습을 본 엄마가 말했다.

"모든 것은 순리대로 해야 한다. 그렇게 악에 바쳐 하면 될 것도 안 돼."

딸은 말없이 흩어진 알곡들을 주우며 엄마의 모습을 지켜보았다. 그리고 순종하고 인내하는 엄마의 말없는 고통을 보았다. 힘든 삶을 살아온 엄마. 한평생 농사일을 억척스럽게 하면서 엄마는 그렇게 가을을 보내고 또 새로운 가을을 맞이하였다.

딸은 시골이 싫었다. 하늘에 별이 총총 떠오를 때까지 일을 해도 눈만 뜨면 또 다른 일이 기다리고 있다는 사실이 끔찍했다. 무엇보다도 엄마처럼 고생하며 평생을 희생하고 살고 싶지가 않았다.

딸은 서울의 고층 아파트에서 살며 그날의 엄마를 그린다. 일흔의 생을 살아오면서 분위기 있는 찻집에 앉아 향기로운 차 한 잔도 마셔 보지 못하신 엄마. 그 고달픈 삶의 굴레가 뜨겁게 딸의 목젖을 타고 올라왔다.

딸이 고향을 찾아갔다. 엄마는 딸의 구두를 신어보면서 "구두를 신어보니 참 잘 어울리는 것 같네" 하면서 수줍게 웃었다. 그 모습을 바라보면서 딸은 비로소 깨달았다.

'엄마도 예쁜 것을 좋아한다는 것을…. 엄마도 자신을 꾸미고 가꾸고 싶어 하신다는 것을…. 엄마도 구두를 신고 싶어 하신다는 것을…. 엄마도 여자라는 사실을…'

딸은 인터넷쇼핑으로 자신이 신고 있는 구두와 똑같은 구두를 어머니를 위해 주문해 드렸다.

정장 한 벌

엄마가 몸이 아파 며칠 째 누워계신다는 연락을 받고 딸이 집으로 달려갔다.

딸이 간호를 위해 편한 옷을 찾는다고 엄마의 옷장을 열었을 때 깨끗한 정장 한 벌이 눈에 띄었다. 그 정장은 엄마가 평소에 입던 낡은 옷들 사이에서 어울리지 않는 옷처럼 걸려 있었다. 딸이 정장이 있는 것을 보고 엄마에게 말했다.

"엄마, 옷장에 정장 한 벌이 걸려 있네요. 엄마가 이 정장을 입으신 걸 한 번도 못 봤는데요. 그동안 입지 않으시고 왜 그랬어요?"

엄마가 말했다.

"난 그 옷을 한 번도 입지 않았어. 며칠 동안 아파서 이렇게 누워있으니 별 생각이 다 드는구나. 이러다가 죽으면 어쩌나 하는 생각이 드니 내가 살아온 삶이 참 잘못 살았다는 생각이 든다. 그래서 누워서 곰곰이 생각한 것을 너에게 들려주고 싶구나."

엄마는 깊은 한숨을 쉬고 나서 말했다.
"난 너에게 바르게 가르치지 못했어."
"엄마, 그게 무슨 말씀인데요?"
"나는 늘 가족을 위해 자신을 희생해야 된다고 생각했다. 언제나 가족이 필요로 하는 것을 먼저 해주고 나면 언젠가는 내 차례가 오겠지 하고 생각했다. 하지만 지금까지 그런 때는 오지 않았어. 지금까지 나의 삶은 그런 식이었다. 네 아버지를 위해 일하고 네 오빠들과 너를 위해 일했지."
"정말로 엄마는 우리 가족들을 위해 할 수 있는 모든 것을 희생하셨어요."

"이렇게 며칠 동안 누워서 지나간 일들을 곰곰이 생각해보니 그렇게 하는 것이 가족들을 위해서도 좋은 것이 아니었다. 내 자신을 위해서 지금까지 난 아무것도 요구하거나 바라지 않았어."
"엄마 말이 맞아요. 여러 생각이 드실 거예요."
"내가 이렇게 누워 있으니 집안 살림이 엉망이다. 네 아버지는 된장찌개 하나 끓일 줄 모른다. 그리고 너희들을 위해서 난 가장 먼저 일어나고 가장 늦게 잠자리에 들었지. 1주일에 7일 동안 하루도 빠짐없이 밥과 반찬을 해야 했어."

"엄마는 가족들만을 위해 살아오시는 분이예요."

"나는 자신을 위해 옷장에 걸려 있는 정장 한 벌을 얼마 전에 산 것을 제외하고는 아름다운 것을 사려고 쇼핑을 한 적도 없다. 그 정장도 애초에 마음먹고 산 것도 아니었어. 세탁소에 너희 아버지 옷을 찾으러 갔다가 이웃 아주머니를 만났어. 자기가 정장 한 벌을 샀는데 옷이 조금 큰 것 같아서 줄이려고 왔는데 나한테 맞고 어울릴 것 같다고 하면서 싸게 줄 테니 한 번 입어보라고 하더군. 입어보니 좋은 것 같아서 얼마 주지도 않고 산거야."

"그런데 엄마가 그 옷을 입은 것을 본 적이 없는데요."

"그 옷을 집에 가져와서 네 아버지에게 보여줬더니 네 아버지가 '당신 그 옷을 입고 어디에 갈려고 그래'라고 말했지. 네 아버지 말이 맞았다. 나는 그 옷을 세탁소에서 한 번 입어본 것 말고는 한 번도 입을 기회가 없었어."

"엄마도 이제 즐기면서 살아가세요."

"나는 이 세상에서 내가 내 자신을 위해 아무 것도 욕심내지 않으면 저 세상에서 그 모든 것이 나에게 돌아올 것이라고 생각했

"나는 결심한다.
가능한 범위 내에서 살아있는 동안
할 수 있는 것과 하고 싶은 것을 해야 한다고…."

다. 하지만 난 그것을 더 이상 믿지 않고 바라지도 않는다. 나는 결심한다. 가능한 범위 내에서 살아있는 동안 할 수 있는 것과 하고 싶은 것을 해야 한다고…."

"그래요 엄마. 생각 잘 하셨어요."

"너에게 말하고 싶다. 너는 앞으로 완전히 다른 엄마를 보게 될 거다. 왜냐하면 난 달라질 테니까. 아, 나는 내 차례를 너무도 오랫동안 무시했다. 어떻게 내 차례를 주장해야 하는지도 거의 몰랐어. 하지만 난 배울 테다. 난 배울 거야."

병원비

엄마는 마흔둘에 남편과 사별하고 홀로되어 6남매를 키워왔다. 위로 딸이 다섯이며 막내가 아들이다.

엄마는 큰딸을 시집보내고 나서 몸무게가 점점 줄어들었다. 딸들은 '엄마가 언니를 시집보내느라고 힘들어서 몸무게가 줄어드는 것이겠지' 하고 생각했다.
계속적으로 소화가 안 되어 소화불량이라 생각하고 소화제만 복용하던 엄마가 구토 증세를 보이자 이웃의 권유로 병원에서 내시경 검사를 받았다. 담당의사가 날짜와 시간을 정해주면서 보호자를 데려오라고 말했다. 엄마가 남편은 없고 시집간 큰딸이 있다고 하자 의사는 큰딸과 같이 오라고 말했다.

엄마로부터 의사의 면담 요청을 전해들은 딸은 대수롭지 않은 표정으로 병원으로 갔다. 딸은 의사로부터 엄마의 병세가 위암이라는 아득한 이야기를 전해 듣고서야 엄마의 생사가 달린 문제임을 깨달았다.

엄마는 입원을 했다. 수술하면 생명을 연장할 수 있다는 의사의 말을 듣고 딸은 수술비 걱정을 하면서 병원 문을 나섰다. 엄마가 병원에 입원해 있는 동안 딸은 연신 원무과에 병원비 체크를 하고 다녔다.

딸은 엄마에게 주위에서 들은 암은 수술을 하지 않는 것이 더 좋다는 핑계를 대면서 기도원으로 가자고 했다. 엄마는 딸과 함께 기도원으로 향했다. 엄마는 고통스러운 암을 참고 견디며 기도원 창 모서리를 붙잡고 기도하면서 딸에게 말했다.

"저기 봉사하는 사람들이 그러는데 여기서 열심히 기도해서 병이 나은 사람이 많다고 하더라. 나도 기도 열심히 하면 될 거야."

딸은 깊은 밤 엄마와 같이 기도하면서 몰려오는 잠으로 짜증스러워했다. 하지만 엄마의 병세는 점점 악화되어 다시 병원으로 옮겨졌다. 엄마는 의사의 가운을 붙들면서 말했다.

"의사선생님, 막내아들 중학교 졸업식은 볼 수 있겠지요?"

의사는 딸을 불러 말했다.

"이미 때가 늦었습니다. 처음 진단을 했을 때에 수술만 받았더라면 앞으로 남은 졸업식까지 몇 달은 더 견딜 수 있었을 겁니다. 집으로 모셔가서 편안히 마지막을 맞이하게 하십시오."

딸이 퇴원하는 엄마의 가냘픈 몸을 등에 업자 새털처럼 가벼움이 느껴졌다. 순간 딸이 흘린 눈물이 엄마의 손등으로 떨어졌다. 등에 업혀 있는 엄마가 딸에게 말했다.

"왜 울어? 우리 딸한테 미안해서 어쩌지. 엄마는 너희들 키우기에 바빠서 너를 업어 주지도 못했는데 우리 딸이 업어주네."

엄마는 고개를 떨어뜨린 채 소리 없이 울고 있었다.

집으로 돌아온 엄마는 가족들에게 누를 끼칠까봐 진통제 한 번 제대로 쓰지 않고 가슴만 쳤다. 엄마는 아들의 졸업식도 보지 못한 채 천장을 바라보며 눈을 감았다.

엄마의 시신을 아버지와 합장도 못해 드리고 영구차에 태워 화장장으로 향했다. 화장하는데 걸리는 시간은 두 시간 남짓이었다. 영원히 볼 수 없게 된 엄마….

딸은 엎드려 통곡을 하면서 죽은 사람에게 배달된 편지를 읽듯 넋두리를 했다.

"엄마 죄송해요. 자식이 조금 아프면 어찌할 바를 몰라 했는데…. 엄마가 그렇게 아파서 괴로워해도 병원비 걱정이 앞섰으니…. 나를 낳아주고 키워주고 전부를 준 엄마를 제대로 보살피지도 못하고 이렇게 떠나보내게 하니 정말 죄송해요. 엄마 정말 잘못했어요. 엄마에게 한 잘못은 너무나 크고 많아서 용서를 구할 수조차 없어요. 엄마가 돌아가시고 나서야 이렇게 뼈저린 후회가 밀려오니…."

"자식이 조금 아프면 어찌할 바를 몰라 했는데….
엄마가 그렇게 아파서 피로워해도
병원비 걱정이 앞섰으니…."

대물림

엄마가 어린 딸을 두고 집을 나갔다. 딸은 아버지가 나름대로 최선을 다해 키웠지만 딸의 마음속에 있는 엄마에게 버림받은 상처는 나날이 커져가기만 했다. 그리움과 함께 분노 또한 깊어졌다.

딸은 작은 일에도 쉽게 화를 냈다. 주위에 있는 많은 사람들을 미워하면서 결국 자신 곁을 떠나게 만들었다. 분노와 미움의 감정이 살아가는 힘이 되었다. 누군가를 미워하고, 괴롭히는 것 외에 달리 세상을 살아가는 방법을 알지 못하게 되었다.

이런 딸이 자라서 결혼을 하게 되었다. 집을 나갔던 엄마가 결혼을 앞둔 딸을 찾아와서 무릎을 꿇고 용서를 구했다.

"애야, 죄 많은 어미를 위해서가 아니라 너 자신을 위해서, 네가 낳을 자식들을 위해서 날 용서해 다오."

하지만 딸은 엄마를 용서하지 않았다. 마치 이때를 위해 살아왔다는 듯이 모진 말로 상처를 주고 또 주었다. 엄마는 쉰 목소리로 물었다.

"내가 어떻게 하면 네 마음이 풀어지겠니? 내가 어떻게 하면 용서를 받을 수 있겠니?"

딸은 소리쳤다.

"사라져요! 용서할 수 없어요!"

엄마는 무척 슬픈 눈빛으로 딸을 쳐다보았다. 그리고 말없이 일어나 딸과 헤어졌다.

며칠 후에 결혼식이 있었다. 딸은 신부 대기실에서 웨딩드레스를 입고 자신을 버리고 떠난 엄마를 생각하며 굳은 각오를 했다.

'어떤 경우라도 내 엄마처럼 자식을 버리지 않아야지…'

그 후 1년 만에 딸은 엄마가 죽었다는 소식을 들었다. 딸은 마음속으로 눈물을 삼켰다.

딸은 이런 상처가 있었기 때문에 누구보다도 더 행복해지고 싶었고, 또 행복해야 된다는 생각을 가지고 살았다. 그것은 삶의 목표였으며 그 목표를 달성하는 일이 행복이었다.

딸은 30대 초반까지 아이를 키우며 사는 평범한 가정주부였다. 하지만 딸은 자신의 엄마와 비슷한 나이에 딸아이를 두고 집을 나왔다. 그때 생활이 좀 힘들긴 했지만 그렇다고 어린 자식을 버려야 할 만큼은 아니었다. 딸은 후회를 했다.

'왜 그랬는지 나 자신이 이해가 되지 않아. 뭔가에 홀린 것 같아.'

딸은 자신이 그랬듯이 자신의 딸아이도 자신처럼 아버지 밑에서 성장했다. 그렇게 성장한 딸아이가 결혼을 한다는 소식을 접한 딸은 며칠을 밥도 먹지 않고, 잠도 자지 않고 많은 생각을 했다.

딸은 자신의 엄마와의 관계에서 느낀 것을 전하고 싶었다. 그리고 딸의 엄마가 그러했던 것처럼 자신의 딸아이에게 용서를 구하고 싶었다.

'결혼을 앞둔 딸을 만나 용서를 구해야지…. 두 무릎을 꿇고 빌고 또 빌어야지….'

딸은 도시 근교에서 포도밭을 가꾸며 지내고 있었다. 딸은 자신의 딸아이의 결혼식을 앞두고 여름철 햇살 아래 단내를 풍기는 포도를 들고 동네에서 인격자로 알려진 원로를 찾아갔다. 딸은 한숨을 푹 쉬었다. 짧고 깊은 침묵이 지나갔다. 딸은 마지막 말을 하려는 듯 목소리에 힘을 주었다.

"팔자 대물림만큼 쉬운 건 없지요. 끊어야지요. 어떤 고통을 겪더라도…. 나는 내 엄마처럼 똑같이 내 딸에게 무릎을 꿇고 어미를 위해서가 아니라 너 자신을 위해서 용서해 달라고 말할 겁니다."

"그래도 용서하지 않으면 어떻게 하려고요?"

"물론 딸은 그런 말을 하는 나를 용서하지 않으려 할 것입니다. 내가 내 엄마에게 그랬듯이 말입니다. 하지만 나는 내 엄마와는 다르게 건강하게 오래 오래 살아서 죽는 순간까지 열 번이고, 백 번이고 똑같은 말로 용서를 구할 겁니다."

"예전에 어머니께서 용서를 구했을 때 받아들이지 않은 점을 후회하세요?"

"네, 세상을 좀 살다보니까 그런 생각이 드네요. 내가 그때 조금이라도 엄마의 용서를 받아들였다면…, 받아들이기 위해 고통스럽지만 노력이라도 했다면…."

"너무 자학하지 마세요."

"피해자가 더 혹독한 가해자가 되는 건 손바닥 뒤집기 보다 더 쉽지 않습니까? 돌아가신 엄마는 그걸 나에게 말하고 싶어 나를 당신 처지와 똑같은 입장에 놓지 않았나 하는 생각도 들고…."

"지금 돌아가신 어머니에 대한 생각은 어떠세요?"

"저는 물론 엄마를 용서했습니다. 오히려 용서를 구하고 있습니다. 뿐만 아니라 간절한 기도를 합니다. 제발 내 딸과 내 딸의 아이들은 엄마와 내가 겪은 그런 어리석은 고통으로 살지 않게 해달라고 말입니다."

"상처를 준 사람이 어떤 짓을 했는가에 상관없이 우리 자신이 행복해지기 위해 노력하는 존재임을 떠올린다면 비로소 용서와 화해로 나아갈 수 있을 것입니다. 진정한 삶의 승리자는 자기 자신의 분노와 미움을 이겨낸 사람입니다. 미움은 강인함이 아닌 나약함의 또 다른 모습입니다. 미움을 통해 얻어진 것은 결코 오래가지 못합니다. 미움이나 분노를 통해서는 누구도 행복해질 수 없습니다. 용서를 통해 우리는 진정한 마음의 평화와 행복에 이르게 됩니다."

딸은 어떻게 해서든지 자신의 딸과 '팔자 대물림'은 하지 않겠다고 굳게 다짐했다.

미움은 강인함이 아닌
나약함의 또 다른 모습입니다.
용서를 통해 우리는 진정한 마음의 평화와
행복에 이르게 됩니다.

변기

고등학생인 아들이 아침에 화장실을 갔다 나오면서 엄마에게 말했다.

"엄마 며칠 전부터 변기가 막힌 것 같아요. 물이 시원하게 내려가지 않아 펌프질을 해야 내려가요. 오늘 꼭 고쳐 놓으세요."

엄마와 아버지는 안방에 딸린 화장실을 사용하기에 아들이 사용하는 마루에 붙어있는 화장실이 막힌 사실을 잘 몰랐다. 엄마는 고쳐야겠다는 생각을 하면서 은행에 공과금을 납부하고 다른 약속도 있어서 외출을 했다.

엄마가 외출을 마치고 돌아와 보니 집안이 온통 난장판이었다. 안방 문이 부서져 있었고 잔뜩 화가 나 있는 아들의 모습이 눈에 띄었다.

　엄마는 처음에 어찌된 영문인 줄 몰라 난감하기도 하고 화가 나기도 하고, 아들이 폭력을 쓴데 대하여 걱정이 되기도 했다. 엄마가 채 말을 꺼내기도 전에 아들이 화난 목소리로 소리를 질렀다.

　"우리 집에서 제일 한가한 엄마는 도대체 하루 종일 뭐 했어요? 아침에 그렇게 화장실 변기를 고쳐 놓으라고 했는데 왜 안 고쳤어요. 그리고 안방 문은 왜 잠가요!"

　"어디다 대고 큰소리야!"

　아들이 사용한 화장실에 들어가 보니 변기의 물이 넘쳐 화장실 바닥이 난장판이 되어 있었다. 잠시 침묵이 흐른 후 아들이 울먹이면서 말했다.

　"엄마, 요즘 내가 공부 때문에 얼마나 스트레스를 받는지 알아요? 배가 아파 학원에 가기 전에 화장실에 갈려고 집에 왔는데 변기는 고쳐지지 않았고 안방의 화장실을 사용하려 했지만 안방 문은 잠겨 있었어요. 할 수 없이 화장실을 사용하고 펌프질을 하는데 이제는 꽉 막혀 넘치고 말았던 거예요. 나는 다 알아요. 왜 안방 문을 잠그는지를…."

　엄마는 외출할 때 안방 문을 잠그는 것이 아들에게 마음의 큰 상처였다는 사실을 알았다. 아들이 중학생일 때 안방의 화장대 위에 놓아둔 동전과 천 원짜리 몇 장이 없어졌다. 아들은 무심코 얼마 되지 않은 돈이라 용돈으로 가져갔지만 엄마는 '행여나 이것이 잘못된 버릇이 될까봐' 하는 조바심에 안방 문을 잠그고 다녔던 것이다.

아들은 울컥하면서 집을 나갔다. 집을 나와 친구에게 전화하자 친구는 자기 가족들과 찜질방에 가기로 했으니 같이 가자고 말했다. 아들은 친구와 같이 찜질방으로 갔다.

친구와 같이 잠자리에 들려고 누웠는데 옆에 있는 할머니들의 대화를 듣게 되었다. 대화 내용은 할머니들의 자식에 관한 이야기였다. 한 할머니가 말했다.

"나는 자식이 여덟이 있는데 모두 다 출가했어요. 자식들 모두가 늙은 나를 벌레 보듯 귀찮아해요. 양로원으로 가려고 해요."

다른 할머니가 이 말을 받아 말했다.

"작은아들 집에 가서 용돈 10만원을 억지로 받아냈어요. 그렇게 해서 돈을 한 푼 두 푼 모아 나도 양로원에서 지낼 생각이었어요. 그런데 이가 아픈 손자를 치과에 데려가 치료하는데 3만원을 쓰고 사업에 실패한 큰아들이 술에 취해 집에 왔을 때 술주정을 다 받아주고 다음날 용돈으로 7만원을 다 줘 버렸어요."

아들은 할머니들의 대화 내용을 듣고 벌떡 일어나 집으로 향해 발길을 옮겼다.

자신의 불효를 깨닫고 집으로 뛰어가면서 울었다.

'나도 저런 자식이 되지 않을까…, 한 평생 엄마를 미워하며 엄마 마음은 조금도 몰라주는 그런 나쁜 놈이 되지 않을까….'

깊은 밤 집에 돌아왔다.
집 앞에 도착하니 평소와 달리 대문은 열려있고 엄마는 마루에 나와 있었다.
엄마 앞에 무릎을 꿇은 아들이 말했다.
"엄마 아까 짜증을 내고 집을 나가서 미안해요."
엄마는 아들의 어깨를 감싸 안으며 생각했다, 얼마 만에 아들의 어깨를 만져보는지 정말 오랜만이었다. 가만히 생각해보니 자신이 안방 문을 잠근 이래 아들은 말수가 적어지고 가까이 가면 피했다, 엄마는 나직한 목소리로 말했다,
"변기를 고쳐 놓지 못해서 정말 미안하다. 그리고 안방 문을 잠근 것에 대해서도 용서해 주려무나. 나는 행여나 네가 잘못된 버릇이 들까봐 그랬어. 엄마가 너에게 마음의 큰 상처를 준 것 같구나. 용서해 다오,"
"아니에요 엄마. 순간적으로 욱하는 마음에 문을 부수고 화를 낸 것에 대해 용서해 주세요. 다시는 그렇게 하지 않을게요."
엄마와 아들은 막힌 벽이 뚫린 것 같은 홀가분한 기분이 들었다.

어머니 인상

어머니에 대한 인상은 나이에 따라 달라진다. 일반적으로 나이에 따라 변하는 어머니의 인상은 어떤 것일까?

4세 때-엄마는 해달라면 무조건 해 주는 사람이야.

8세 때-엄마는 정말 당당해, 뭐든지 알고 무엇이나 할 수 있어.

14세 때-엄마는 왜 대수롭지 않은 일에 화도 내고 슬퍼하고 기뻐할까?

17세 때-엄마는 왜 이렇게 간섭이 심할까?

21세 때-어머니는 왜 우리를 이해하지 못할까?

30세 때-어머니는 고마우신 분이야.

35세 때-어머니의 간섭은 사랑이야.

40세 때-어머니는 우리보다 지식은 적어도 훨씬 현명하신 분이야.

50세 때-어머니는 우리를 위해 헌신을 다하신 분이었어.

60세 때-어머니가 살아 계셔서 잔소리를 다시 들을 수 있다면 좋으련만….

엄마! 어머니! 참으로 위대한 이름이다. 참으로 복된 이름이다. 세상에서 가장 아름다운 단어이다. 누구에게나 가슴 뭉클함과 포근함으로 다가오는 이름이다.

제4부

그립고
보고픈

저승과 이승

예순을 바라보는 아들 내외는 시골 고향의 어머니 집으로 향했다. 현충일을 맞아 국립현충원에 안장된 아버지와 형의 묘소에 모시고 가기 위해서였다.

12대 독자였던 아버지는 6·25전쟁에 참전해 1953년 강원도 금화 전투에서 전사했다. 이때 아버지의 나이는 스물세 살이었다. 슬하에는 네 살짜리 아들이 있었고, 아내의 뱃속에서는 또 다른 아이가 자라고 있었다.

아버지는 전장으로 나가면서 아내에게 천지가 변해도 살아오겠다고 다짐했다고 한다. 하지만 청천벽력 같은 전사통지서…. 어머니는 남편의 전사 통지를 받은 3개월 뒤 유복자인 둘째 아들을 낳았다.

어머니는 어린 두 아들을 바라보면서 힘을 내야 했다. 생계를 위해 행상 등 갖은 고생을 마다하지 않았다. 형제는 서로 우애롭게, 올바르게 자라주었다. 공부도 잘했고 활달했으며 어머니에게도 효성스러웠다. 형제는 늘 아버지가 그리웠지만 아버지께서 조국을 위해 목숨을 바치셨다는 생각으로 항상 가슴 뿌듯한 자부심이 있었다.

대학에 입학한 큰아들은 어머니의 '무거운 짐'을 덜어드리기 위해 대학 2학년을 마치고 휴학한 후 군대에 입대해 월남전에 자원했다. 고등학교 3학년이 된 동생이 곧 대학에 입학하기 때문이었다. 월남전에 참전해 전투수당을 받아 어머니의 가계 부담도 덜어드리고 동생 학업에도 도움을 주기 위해서였다.

하지만 큰아들은 파병 7개월여 만에 월맹군과의 전투에서 전사하고 말았다. 어머니와 동생의 슬픔은 이루 말할 수 없었다. 어머니는 유골이 되어 돌아온 군복을 입은 아들의 사진을 바라보며 하염없이 눈물을 흘리며 넋두리했다.

"박복한 사람 같으니…. 남편도 보내고…. 자식도 가슴에 묻고…. 저거 아버지는 좋겠네. 하늘에서 큰아들을 만났으니…. 이제 외롭지는 않겠지…"

유품으로 전사한 전투 현장에서 쓴 부치지 못한 '어머니께 드리는 편지'가 있었다.

어머니, 베트콩을 소탕하기 위해 전장에 나와서 진지를 구축했습니다. 사방에서 폭격 소리, 총소리, 수류탄 소리가 고막을 흔듭니다.

지금 이 글을 쓰고 있는 순간에도 귓속에는 무서운 굉음으로 가득 차 있습니다. 저는 무서운 생각이 듭니다. 지금 내 옆에서 수많은 전우들이 죽음을 기다리는 듯 적이 덤벼들 것을 기다리며 뜨거운 햇빛 아래 엎드려 있습니다.

이제 어떻게 될 것인가를 생각하면 무섭습니다. 어머니, 어서 전쟁이 끝나고 어머니 품에 안기고 싶습니다.

어머니, 울창한 정글에서 적은 침묵을 지키고 있지만 언제 공격해 올지 모릅니다. 어쩌면 제가 오늘 죽을지도 모릅니다. 어머니, 죽음이 무서운 게 아니라 어머님과 동생을 다시는 못 만난다고 생각하니 무서워지는 것입니다.

어머니, 이 순간에 6·25전쟁 때 돌아가신 아버지 생각이 납니다. 어머니, 저는 살아서 돌아가겠습니다. 저는 꼭 살아서 다시 어머니 곁으로 가겠습니다.

어머니, 이제 마음이 안정이 되는군요. 어머니, 상추쌈이 먹고 싶습니다. 찬 옹달샘에서 이가 시리도록 차가운 냉수를 한없이 마시고 싶습니다.

아! 놈들이 다가오고 있습니다. 다시 또 쓰겠습니다. 어머니 안녕! 안녕! 아, 안녕은 아닙니다. 다시 쓸 테니까요. 그럼….

어머니와 동생은 이 편지를 읽으면서 통곡했다. 그래도 어머니는 하나 남은 자식을 바라보며 다시 용기를 냈다. 아들은 열심히 공부했다. 어머니의 슬픔을 치유라도 하듯 원하는 회사에 다니다가 번듯한 사업을 차려 잘 꾸려가고 있다. 아들도 자식들을 모두 출가시켰다.

어머니를 집으로 모시려고 여러 차례 말했지만 번번이 거절당했다. 기력이 떨어진 어머니는 잔병치레에 시달리고 있었다. 아들은 가끔 신문에서 혼자 살던 노인이 숨진 채 며칠 뒤에야 발견됐다는 내용의 기사를 읽을 때마다 남의 일이 아닐지도 모른다는 불안감에 시달려야 했다.

아들 내외는 어머니를 모시고 국립현충원에 가기 위해 하루 전날 시골 고향집에 간 김에 이번에는 '같이 살겠다'는 확답을 단단히 받아낼 참이었다.

아들 내외가 들어서자 마루 끝에 앉아 기다리던 어머니가 반가이 맞았다. 어머니는 아들 내외를 위해 저녁을 차렸다. 저녁 밥상을 물리고 설거지를 한 며느리가 우물가에 있는 커다란 물동이에 담가 놓았던 과일을 가지고 왔다. 아들이 먼저 어머니를 향해 말문을 열었다.

"어머니, 이제 저희 집으로 가세요. 어머니 혼자 계시는 것이 불안해요. 죄를 짓는 것만 같고…. 어머니의 세월이 어떠하셨어요? 아버지도 잃고…. 형도 잃고…. 그래도 어머니께서는 저를 이렇게 훌륭하게 키워주셨어요."

이어 며느리가 말했다.

"어머니, 저도 이제 시어머니가 되고 보니 어머니 마음을 알겠어요. 어머니, 저희 집으로 같이 가세요. 최선을 다해 어머니를 모실게요."

어머니는 한동안 아들 내외에게 시선을 주고 있다가 한숨 한 자락 흘리면서 말했다.

"잘 키워준 것이 어디 있나? 네가 잘 자라준거지. 어미 속 안 썩이고 열심히 공부해 훌륭하게 된 것만으로도 효도 다 한 거다. 그리고 며느리 너도 남편 잘 건사하고 아이들 잘 키웠으면 그것으로 됐지 싶다. 그러니 아무 생각 말고 부담 갖지 않아도 된다."

"어머니, 그러니 이제는 저희 집으로 가세요."

어머니께서 다정한 표정을 지으며 말했다.

"내가 자식인 네 마음 왜 모르겠나? 효도하려는 네 마음 내 다 안다. 그래도 내 이 집 안 떠날 거야. 네 아버지하고 네 형이 내가 이 집 떠나버리면 혼백이 어디 가서 머무르겠나?"

어머니가 처음으로 꺼낸 말을 듣고 나서야 지금까지 알아차리지 못했던 또 다른 어머니의 세상이 어렴풋이 보이기 시작했다. 어머니는 저승과 이승이 뒤섞인 세상을 생각하고 있었다.

산 사람의 집과 죽은 사람의 집이 똑같은 구실을 하는 세상에서 살고 있다. 아니, 어쩌면 어머니는 당신 스스로 살아 있는 사람의 몸으로 죽은 사람들이 편히 쉬는 집 노릇을 하고 있다고 생각하는 것 같았다.

아들은 자신의 마음 안에 드리워져 있던 두꺼운 장막 하나가 서서히 걷히는 것을 느꼈다.

꿈속의 어머니

아들은 남한에서 대학교수로 정년퇴직하고 칠순에 접어들었다. 어머니는 북한의 고향 뒷동산 산소에 묻혀있다. 6·25전쟁이 발발하자 열다섯 살 아들은 북한에 있던 어머니와 영영 헤어졌다. 아들은 돌아가신 어머니를 회고한다.

평안북도 출신인 어머니는 열여덟 살에 고향의 동갑나기인 아버지와 결혼하여 2남 1녀를 두었다. 어머니 키는 중키에 몸맵시도 좋았고 단정하며 미인이었다. 음식 솜씨도 좋았고 자식들에게는 인자한 어머니였다.

아들은 장남으로 태어났다. 아들이 초등학교에 입학할 무렵 탄광회사 사무원이던 아버지는 탄광 사고로 별안간 돌아가시고 말았다. 물려받은 재산도 없이 젊은 나이에 홀로 된 어머니는 어린 3남매를 키우면서 갖은 고생을 다했다.

아들은 서울에 있는 중학교에 진학하기 위해 고향을 떠났다. 길을 떠날 때 눈이 쌓여있는 동구 밖 다리 위에서 어머니는 두 동생과 함께 바라보고 있었다.

하숙을 하면서 서울에 있는 중학교에 다녔다. 어머니는 자식들의 공부 뒷바라지를 위해 닥치는 대로 더욱 많은 일을 해야만 했다. 아들은 방학 때면 고향으로 돌아가서 어머니께 등목을 해드리고 바늘귀를 꿰어드리는 것이 고작이었다.

아들이 중학교 3학년 때에 6·25전쟁이 터졌다. 남쪽으로 피난을 갔다가 서울로 돌아온 아들은 휴전선이라는 장벽에 가로막혀 고향에 영영 갈 수가 없게 되었다. 고등학교에 진학은 고사하고 호구지책이 어려운 실정이었다. 가질 수 있는 직업이래야 날품팔이가 고작이었던 시절이었지만 아들은 그때까지 배운 영어 실력으로 미군 부대 하우스보이로 채용이 되었다.

아들은 전쟁의 참화 속에서 현실을 잠깐 잊기도 했지만, 미군 부대에서의 생활이 안정되면서 고향의 어머니와 동생들의 모습이 사무치게 그리웠다. 하지만 어쩔 수 없었다. 어머니에 대한 생각이 간절하면 간절할수록 자식 교육에 대한 집념을 불태우며 온갖 고생을 다한 어머니가 떠올려졌다. "공부하고 싶을 때까지 끝까지 공부시킨다"는 어머니의 말씀이 쟁쟁하게 귓가에 들려왔다.

그러던 어느 날이었다. 아들은 고향의 어머니와 동생들을 생각하면서 막사 앞에서 혼자 하모니카를 불고 있었다. 평소 아들의 사정을 알고 있으면서 귀여워하던 미군 장교가 다가와서 말했다.
"너 미국에 가고 싶지 않니? 데리고 가서 공부 시켜줄게."
아들은 귀가 번쩍 띄었다. 공부를 할 수 있다는 생각에 반색을 하며 고개를 끄덕였다. 자식이 공부하기를 바라던 어머니의 그 간절한 소망에 보답하고 싶었다.

아들은 근무 기간을 마치고 귀국하는 미군 장교를 따라 미국으로 건너갔다. 늦은 나이에 고등학교에 입학하여 우수한 성적으로 졸업하고 대학에 진학하여 박사학위까지 취득하였다.
미국에서 교수 생활을 했다. 미국에 있는 동안 북한에 있는 어머니와 동생들 소식을 알기 위해서 여러 차례 백방으로 수소문을 했다. 구체적인 상황은 알 수 없었고 모두들 살아있다는 사실을 알고 안도의 한숨을 쉬었다.

아들은 조국의 하늘 아래에서 어머니와 함께 하고 싶다는 간절한 생각으로 한국으로 돌아왔다. 대학교수로서 열심히 학생들을 가르치고 연구에 몰두했다. 어머니의 간절한 소망에 부응한 자신의 모습을 보여드리고 싶었다. 하지만 잔혹한 역사의 시련 앞에서 아무리 어머니께 돌아가려고 해도 돌아갈 수 없다는 현실적 비극이 비통할 따름이었다.

　　이산가족 상봉 신청을 했다. 돌아온 소식은 북녘의 어머니는 이미 돌아가셨다는 것이었다. 가슴에서 북받쳐 오르는 오열을 터뜨렸다. 북녘의 두 동생을 만났다. 헤어질 때 어린 초등학생이었던 동생들은 회갑을 넘긴 나이였다. 50년 만에 혈육의 정을 나누었다. 어머니는 아무리 기다려도 돌아올 줄 모르는 장남을 두고 애태우며 안타까운 세월을 보내셨다고 했다. 자주 남쪽 하늘가를 쳐다보며 긴 세월을 살아오셨다고 했다.

　　집으로 돌아와 꿈을 꾸었다. 꿈에서 어머니를 만났다. 아침에 일어나서 아들은 어머니에게 편지를 썼다.

　　어머니, 부치지 못할 편지인 줄 알면서, 부쳐도 보실 수 없는 먼 곳으로 떠나신 줄을 알면서도 어머니께 편지를 써봅니다. 세월이 너무 많이 흘렀습니다. 바늘귀를 꿰어드리던 제 눈이 이제는 그때의 어머니만큼이나 흐려서 도수 높은 돋보기를 끼고 글을 씁니다.

어머니, 꿈에 어머니께서 오셨습니다. 열다섯 살에 떠난 네가 일흔이 넘은 나이에 이제야 왔느냐고 하시면서 울기만 하셨습니다. 저도 어머니의 무릎에 얼굴을 묻고 한 마디 말도 없이 그저 어린애처럼 울기만 했습니다. 목 놓아 울기만 했습니다.

어머니는 저를 보시고 자랑스러워 하셨습니다. 멀고먼 날들을 죽지 않고 살아서 네가 날 찾아 정말 왔느냐고 하셨습니다. 나는 두 눈에 눈물을 흘리면서 다시는 어머니 곁을 떠나지 않겠노라고 말씀드렸습니다.

어머니, 원자탄이 터지면서 벌어지는 비참한 광경의 꿈도 꾸었습니다. 하지만 이것은 꿈으로 끝나야만 합니다. 다시는 이 땅에 전쟁이 일어나서는 안 됩니다. 어머니, 전쟁이란 삶과 죽음만이 아니라, 살아있는 사람에게 소멸과 이별과 단절의 비극을 야기합니다. 어머니, 다시는 전쟁 때문에 어머니와 저와 같은 이별의 비극이 없어야 합니다.

어머니, 꿈에라도 종종 뵙게 해주세요. 꿈에 어머니를 만나 뵙고 실컷 우는 것이 정말 좋아요. 어머니, 언젠가 하늘나라에서 상봉하기로 해요. 안녕히 계세요.

머리카락

엄마는 6·25전쟁 와중에 고향과 남편, 아들을 잃었다. 딸 둘을 데리고 월남하여 낯선 타향에서 모진 고생을 하며 굳건하게 뿌리내렸다. 딸들에게 있어 삶의 표상이었고 정신적인 지주였다. 한 점 흔들림이나 흐트러짐을 보인 적이 없이 자신과 딸들에게 지나치리만큼 엄격했다.

   딸들은 아무리 세월이 엄마의 기운을 앗아간다 하더라도 삶의 힘든 고비들을 이겨내신 엄마가 언제까지나 곁에 계실 것이라는 믿음을 가지고 있었다. 하지만 암으로 돌아가신 엄마를 보면서 그 믿음이 얼마나 허망한 것인가를 뼈저리게 느꼈다.

그립고 보고픈

여름철 폭우 속에 장지로 향했다. 생전 처음 가보는 낯선 길이었지만 엄마의 산소가 있는 곳이라 앞으로 수없이 찾아 나설 길이라고 생각했다.

장지에 도착하여 딸들은 퉁퉁 부은 눈을 들어 사방을 살폈다. 아늑한 동산에 햇볕이 잘 들고 시야가 탁 트인 곳이었다. 밝은 것을 좋아하셨던 엄마가 싫어하지는 않으실 것 같아서 안도감이 느껴졌다. 공기 맛도 흙 맛도 달게 느껴졌다.

하관을 할 때 딸들은 울음을 멈추었다. 깔끔한 엄마 성품에 돌덩이나 칡뿌리가 성가시다고 할 것 같아서 하관할 때에 하나라도 딸려 들어갈까 봐 숨죽이고 지켜보고 있었다. 엄마의 관 위로 딸들이 삽으로 흙을 떠서 뿌리면서 말했다.

"엄마, 따뜻하게 덮으세요."

이제는 차갑게 식어버렸을 엄마의 발이 생각났기 때문이었다. 생전에 발이 늘 시리다고 하던 엄마는 여름에도 도톰한 양말을 신었으며 병상에 있을 때 가만가만 발을 만져드리면 좋아했다.

딸은 엄마가 평소 즐겨 덮던 명주 솜이불은 아니지만 흙을 덮고 있으면 좀 괜찮을 것 같은 생각이 들었다. 흙을 그때처럼 따뜻하게 느껴본 적은 한 번도 없었다.

비 내리는 산 속에 엄마를 남겨두고 온 그날 밤, 딸들은 한잠도 이루지 못했다. 공원묘지 산소에서 홀로 계시는 엄마 모습이 자꾸만 떠올랐기 때문이다.

삼우제를 치르고 열흘이 지났을 무렵, 엄마를 모시고 살았던 언니가 말했다.

"엄마가 살아 계신 것 같은 착각 때문에 견딜 수가 없어. 엄마 목소리가 들리는 듯하고…. 밤중엔 괜스레 방에 계신 것만 같아서 여러 번 놀랬어. 그래서 되도록 빨리 엄마 방을 정리해야겠어."

하지만 그때는 슬픔이 채 가시지 않아 엄마 숨결이 밴 유품들을 대할 자신이 없어 차일피일 미루었다. 막내딸도 언니 집에 올 때에 가슴 아플까봐 엄마의 흔적들을 살펴보지 않았다.

그리고는 해가 바뀌었다. 막내딸은 엄마가 돌아가신 후 처음 맞게 된 새해에 시댁 차례를 끝내고 부지런히 엄마가 사셨던 언니 집으로 달려갔다.

딸은 엄마의 체취와 사랑이 너무나 그리워서 엄마가 거처하던 방으로 들어갔다. 방안은 엄마가 계시던 예전 그대로였다. 낮은 침대와 명주 솜이불, 문갑 위의 사진, 화장대 위의 손거울과 머리빗, 전화기 옆의 수첩 등 낯익은 물건들이었다. 다시는 돌아오지 못할 주인을 언제까지라도 기다리고 있는 듯했다.

벽에 걸려있는 달력조차도 엄마가 떠난 몇 달 전에 머물러 있었다. 주인을 잃은 바람에 세월도 잊은 채 정지되어 있는 방이었다.

막내딸은 엄마 흔적이 모여 있는 장롱구석을 가만히 들여다보았다. 막내딸인 자신과 함께 지하상가에서 산 꽃무늬 슬리퍼를 보면서 생각했다.

'천 원 깎으려고 가게 아저씨와 10분을 버티고 흥정했었는데…'

그 날 막내딸은 엄마와 함께 이미지 사진을 찍었다. 엄마와 찍은 마지막 이 사진이 장롱에 코팅까지 되어 놓여 있었다. 엄마가 얼마나 만지면서 보았는지 사진 코팅 위에 얼룩이 선명했고 구겨져 있었다.

그리고 봉투에 담겨있는 엄마의 머리카락을 보았다. 엄마를 입관하기 전에 마지막 가는 길에 예쁘게 보내드리려고 언니가 빗으로 살살 빗어 얻은 엄마의 머리카락 한줌이었다.

딸은 마치 엄마의 몸을 만지듯이 이 머리카락을 만지면서 엄마의 체취를 느끼며 눈물지었다.

언청이

아들에게는 백일 사진도 없고 돌 사진도 없다. 아들은 언청이였다. 어려운 말로는 구개열이라고 하는데 입천장이 벌어져 태어나는 선천성 기형의 한 종류였다. 세상에 태어난 아들에게 처음으로 기다리고 있었던 것은 엄마의 따뜻한 젖꼭지가 아니라 차갑고 아픈 바늘이었다.

    아들은 태어나자마자 수술을 받은 후에야 젖꼭지를 물 수 있었다. 아들이 어렸을 때 별명은 '방 귀신'이었다. 허구한 날 밖에도 안 나가고 방에서만 시간을 보냈기 때문이었다.

    아들은 초등학교에 입학하기 전에 두 번째 수술을 받았다. 그때 엄마는 수술실 밖 의자에 앉아 간절한 기도를 올리고 있었다.

수술 후 엄마는 수술 자국을 숨기기 위해 등교하기 전에 아침마다 하얀 반창고를 아들의 입술 위에 붙여주었다. 그래도 아들은 창피하다는 말 한마디 없이 묵묵히 학교에 다녔다.

초등학교에 다니던 아들에게 말을 더듬는 버릇이 생겼다. 주위의 아이들이 '버버리'라고 놀렸다. 이런 환경 속에서도 항상 전교 1등을 다툴 정도로 아들은 공부를 잘했다.

아들은 초등학교 5학년 때 세 번째 수술을 받았다. 그 후로는 입술 위에 반창고를 붙이지는 않았지만 여전히 말더듬는 버릇은 고쳐지지 않았다.

어버이날이었다. 엄마가 방안에서 편지를 읽으면서 울고 있었다. 아들이 엄마에게 전한 감사편지였다.

엄마, 내가 이렇게 태어나 엄마에게 걱정을 끼쳐드리고 마음 아프게 해서 죄송해요. 그래도 우리 엄마가 나를 낫게 하려고 정성을 베풀어주셔서 정말 감사해요. 그 은혜를 잊지 않으면서 살아갈 거예요.

아들은 중학교, 고등학교를 다니면서 항상 1등을 했다. 고등학교 2학년 때 또 수술을 받았다. 정말 수술은 끝이 없는 것 같았다. 아들은 일류대학에 합격했다. 엄마는 기쁨의 눈물을 흘렸다.

아들은 어버이날에는 반드시 엄마에게 선물을 하고 편지를 썼다. 그런데 재미있는 일은 엄마 생일에는 선물을 하지 않았다. 그것은 자신의 생일과 엄마의 생일이 같기 때문이었다. 그리고 띠까지 같았다.

아들은 엄마 생일에 태어난 걸 항상 미안하게 생각했다. 즐거워야 할 생일에 자신이 그렇게 태어나 엄마를 슬프게 한 것이 마음에 못이 되었던 것이었다.

아들은 어버이날에 엄마 선물로 비싼 지갑을 사온 적이 있었다. 엄마는 그 후 그 지갑을 항상 곁에 지니고 다녔다. 마치 아들의 분신이라도 되는 것처럼….

아들은 대학교 2학년 겨울에 마지막 수술을 받았다. 아들의 얼굴은 그동안의 많은 수술 덕분에 약간의 수술 자국을 제외하고는 어느새 정상이 되어있었다.

아들은 자주 밤에 엄마가 잠을 잘 때까지 어깨며 팔다리를 주물러 드렸다. 엄마는 아들이 안마를 해주면 그렇게 시원하고 좋다고 하면서 행복한 표정을 지었다.

아들이 대학 3학년 2학기에 다니고 있었다. 며칠 있으면 엄마의 생일이자 아들의 생일이었다. 집으로 전화 한 통이 걸려왔다. 아들이 교통사고를 당했다는 것이었다. 엄마와 함께 가족들이 병원으로 달려갔다. 차도를 무단 횡단하던 어린아이를 트럭이 덮치려는 순간 아들이 그 앞에 뛰어들었다는 것이었다. 다행히 아이는 팔을 조금 다치고 말았는데 아들은 트럭에 치이고 나서 머리를 땅에 부딪쳤다고 했다.

하얀 시트를 가슴 위까지 덮은 아들의 얼굴 위에 산소마스크를 하고 누워있는 모습이 보였다. 의사가 엄마와 가족들에게 무겁게 입을 열었다.

"머리에서 피를 너무 많이 흘려 소생할 가망이 없습니다. 오히려 지금까지 숨이 붙어 있는 게 기적이에요."

엄마는 초점이 흐려진 눈동자로 하염없이 눈물을 흘리면서 한 걸음 한 걸음 아들에게 다가섰다. 그러더니 떨리는 두 손을 모아 누워있는 아들의 손을 꼭 잡았다. 그 순간이었다. 연약하게 뛰던 아들의 맥박이 조용히 긴 수평선을 그리기 시작했다. 마치 사랑하는 엄마를 여태 기다리다가 그제야 안심하고 떠나는 것처럼….

엄마는 슬픔에 넋이 나가버렸다. 엄마는 음식은커녕 물조차 마시지 못했다. 시간이 흐르면서 이제는 지쳐서 울지도 못하고 그냥 멍하니 누워만 있었다.

엄마의 생일이 돌아왔다. 죽은 아들의 생일과 같은 날이었다. 그날 아침 밤새 눈이 내려 온 세상이 하얗게 반짝이고 있었다. 그날 오후 수백 송이의 꽃들이 배달되어 왔다. 집 마당의 하얀 눈밭 위에 아름다운 꽃들이 펼쳐졌다. 바로 아들이 교통사고를 당하기

연약하게 뛰던 아들의 맥박이
조용히 긴 수평선을 그리기 시작했다.
마치 사랑하는 엄마를 여태 기다리다가
그제야 안심하고 떠나는 것처럼….

전날 미리 주문한 것이었다.

　어머니가 어느새 나와서 그 광경을 보고 있었다. 어디서 그런 기력이 다시 생겼는지 애써 문틀에 의지하여 서 있었다. 생일에는 선물을 하지 않던 아들이, 꽃과 함께 배달된 아들이 쓴 생일 축하 카드에는 이렇게 씌어 있었다. 마치 죽음을 예감이라도 한 것처럼….

　어머니, 오래오래 행복하게 사셔야 해요. 언제까지나 어머니 곁에서 함께 할 겁니다.

돈 봉투

김장철이 되었다. 분가하여 같은 도시에 살고 있는 큰아들 집에 어머니가 김장김치를 전해줄 겸해서 들렀다. 며느리의 깔끔한 성격답게 집안은 정리정돈이 잘 되어 있었다. 큰아들 집은 항상 정갈했다.

 어머니는 손자들 재롱도 보고, 며느리와 오순도순 정겨운 대화도 나누었다. 며느리가 남편에 관한 불만을 털어놓자, 시어머니도 아들 흉을 보며 맞장구를 쳐주었다. 두 사람의 모습은 고부간이 아니라 마치 나이 차이가 많은 친자매처럼 보였다.

 "아이고, 내 정신 좀 봐. 저녁때가 다 되어 가네. 이만 얼른 가봐야지."

어슴푸레하게 해가 지자 시어머니가 다급히 일어섰다.
"어머님, 잠시만요!"
며느리는 방안에 후다닥 들어가더니 돈 봉투를 들고 나왔다.
"날씨가 추운데 스웨터라도 하나 사 입으세요. 어머님이 건강하셔야 두루두루 편하죠. 그리고 가실 때 버스 말고 택시 타고 가세요. 꼭이요."
"그래, 고맙다. 잘 쓰마. 그런데 나 물 한잔만 다오. 물 한잔 마시고 가야겠다. 화장실도 미리 들렀다 갈까…."

시어머니가 가시고 난 후 며느리가 화장실에 들어가니 수납 선반에 시어머니께 드린 돈 봉투가 놓여있었다. 순간 '이게 웬일인가?' 하고 놀랐다. 저녁을 먹고 며느리는 시댁으로 전화를 했다.
"어머님, 저예요. 잘 들어가셨어요? 그런데 봉투 두고 가셨어요."
"어…, 그거 그냥 네가 써라. 너야말로 우리 집안 맏며느린데 잘 먹고 건강해야 되지 않겠냐. 그럼, 이만 끊는다."
며느리는 혹여나 '돈이 적어 기분이 상하셨나' 하는 생각이 들었다. '그래도 그러실 분이 아닌데….'

그런데 봉투를 다시 집어 드니 뭔가 좀 이상했다. 자신이 시어머니께 봉투를 드릴 때보다 손가락에 잡히는 두께감이 달랐다. 봉투를 열어보니 자신이 시어머니께 드린 돈보다 많은 액수가 들어 있었다. 그리고 메모가 있었다. 아마도 미리 메모를 써오신 것 같았다.

얘야, 남편과 애들 뒷바라지하느라 고생이 많다. 네가 우리 집안 맏며느리 아니냐. 네가 건강해야 우리 집안이 편하고 그러지. 이거 얼마 안 되는 돈이지만 한의원에 가서 진맥하고 보약 한 재 지어 먹도록 해라. 꼭 네 거 지어라. 아비 거 말고….

그로부터 몇 달 뒤, 시어머니는 설날을 며칠 앞두고 새벽에 수산시장에 장을 보러갔다가 집으로 돌아오는 길에 교통사고를 당했다. 연락을 받은 가족들이 황망히 병원으로 달려갔으나 이미 숨을 거둔 뒤였다. 슬픔 속에 장례를 치렀다.

다음날 며느리는 슬픔에 잠겨있는 시아버지를 위로하고 식사를 챙겨 드리려고 시댁으로 갔다. 시아버지는 텅 빈 거실에 망연자실한 표정으로 앉아있었다. 그 모습이 어찌나 쓸쓸해 보이는지…. 마음이 쓰려오면서 눈물이 났지만 시아버지 앞에서 애써 눈물을 감추었다.

며느리는 점심 준비를 하기 위해 냉장고 문을 열었다. 뭔가 있나 보고나서 마트에 갔다 올 심산이었다. 그런데 냉동실 안에 꽁꽁언 만두가 가득 들어차 있었다.

시어머니는 언제라도 찾아올 자식과 손자들을 위해 항상 만두를 만들어 두었다. 시어머니가 빚은 만두는 시중에서 파는 냉동만두와 비교할 수 없을 만큼 맛이 좋았다.

올해도 시어머니는 설날에 찾아올 자식들 내외와 손자들을 위해 그리도 많은 만두를 빚어 놓았던 것이다.

며느리는 애틋한 마음이 들어 주방에서 눈물을 훔쳤다. 처음 시집와서부터 9년 동안 시부모를 모시고 살았다. 그러다 남편 사업 때문에 어쩔 수 없이 분가하게 되었다.

아들 가족이 이사하는 날, 어머니는 손자들 손을 잡고 차마 놓지 못했다. 그리고 애써 눈물을 감추며 차 안으로 만두가 가득 들어있는 봉투를 밀어 넣었다.

"급하게 만드느라 제대로 익었는지 모르겠구나."

"어머님, 자주 찾아뵐게요. 버스 한 번이면 금세인걸요. 건강 조심하세요."

하지만 남편 뒷바라지 하고 아이들 건사하느라 전화조차 자주하지 못했다. 외려 시어머니가 먼저 전화를 걸어와 안부를 묻는 경우가 많았다. 방문도 시어머니가 더 잦았다. 밑반찬을 하면 먹어

보라고 가져오기도 했다.

　몇 달 전, 며느리 보약까지 챙겨주시던 시어머니. 이제 와 생각하니 그저 죄송하고 마음이 아프다. 한결같은 마음을 떠올리니 그 마음이 더 애달파 온다.

　'왜 좀 더 자주 찾아뵙지 못하고 더 많은 시간을 보내지 못했는지…'

인생역정

여든이 넘은 어머니는 일곱 자매의 막내로 태어났다. 어머니 이름엔 사내 '남(男)'자가 들어 있다. 그 이유는 외할머니가 어머니를 임신하자 외할아버지가 '이제는 아들이겠지' 생각하고 이름을 사내아이 이름으로 미리 지어 놓았기 때문이었다. 하지만 어머니는 그런 기대를 저버린 채 딸로 태어난 것이었다.

    외할머니는 일곱 번째로 또 딸을 낳았다는 미안한 마음에 갓 태어난 어머니를 윗목에 밀쳐놓고 눈물을 흘리며 일어나 고쟁이에 피를 흘리며 논에 잡초를 뽑으러 나갔다.

    초등학교에 입학한 어머니는 이름 그대로 사내아이처럼 활달

했다. 어머니는 아들이 없어 설움을 당하는 외할머니 모습을 많이 보았다. 당시에 논에 물꼬를 트는 것을 놓고 외할머니와 이웃사람 간에 다툼이 벌어졌다.

　이웃사람은 외할머니에게 "아들도 없는 주제에…" 하면서 윽박질렀다. 이 모습을 본 어머니는 학교에서 그 이웃사람 아들과 마주치자 싸움을 벌여 코피를 흘리게 하면서 싸움에서 이겼다.

　어머니는 초등학교를 졸업하고 집안 농사일을 돕다가 열여덟 살에 한 살 위인 아버지와 결혼하여 도시에 살림을 차렸다. 어머니는 외할머니와는 다르게 내리 아들 4형제를 낳았다.

　아버지는 인자하여 자식들에게 매는커녕 잔소리 한 번 한 적이 없었지만 어머니는 회초리를 자주 들었다. 한 번은 아들이 생떼를 부리며 울자, 회초리를 들고 오히려 울면 때리지 않고 울지 않으면 때려서 다시는 울면서 생떼를 부리지 못하게 했다.

　한 번은 형제끼리 서로 손찌검을 하면서 싸우자 서로 마주보게 하여 싸우면 때리지 않고 오히려 싸우지 않으면 때려서 다시는 손찌검을 하면서 싸우지 못하게 했다. 어머니는 울지 않는 것보다 계속해서 우는 것이 얼마나 힘들고, 계속해서 싸울 수는 없다는 것을 이용하여 자식들의 나쁜 행동을 고쳤다.

　아버지 사업이 잘 되어 집안 형편은 괜찮았다. 4형제 친구들의 사랑방은 집이었다. 어머니는 항상 따뜻하고 넉넉하게 맞이해

주었다.

그러나 장남이 대학교 2학년 때, 아버지 사업이 부도가 났다. 아버지는 피신했고, 빚쟁이들이 집으로 몰려들었다. 집은 경매에 넘겨졌고, 아버지 친구의 도움으로 월세로 옮겼다. 어머니는 아는 사람을 찾아다니며 아동복 보따리 장사를 했다.

장남이 대학을 다니다가 군에 입대하여 제대를 6개월 앞두고 마지막 휴가를 나왔다. 아들은 쥐꼬리만 한 사병 급여를 모아 아버지 선물로 비타민을, 어머니 선물로 속옷을 사왔다.

아버지가 병석에 누워 계셨다. 어머니는 미음을 끓이며 아버지를 정성스레 간호하고 있었다.

'건강하셨던 아버지셨는데…'

아들로서는 생전 처음 보는 모습이었다. 집 근처 개인병원에서 진료를 받았으나 별 차도가 없다고 했다. 아들은 수염이 자란 초췌한 아버지의 모습을 보고 면도를 해드리고 다리를 주물러 드렸다.

다음날 대학병원에 가서 진찰을 받았는데, 병세에 대하여 심각하게 말하지 않고 늑막에 약간 물이 고였는데 입원실이 없으니 병실이 비는 대로 입원하자고 말하여 어느 정도 안심이 되었다.

그런데 이게 웬일인가! 이틀 뒤에 아버지는 집에서 갑자기 호흡곤란을 일으켜 돌아가시고 말았다. 워낙 갑작스레 일어난 일이라 어머니 외에는 아무도 임종을 지키지 못했다. 황망한 가운데 식구들과 친척들이 모여 장례 준비를 하였다.

　평소 아버지는 "죽음은 언제 어떻게 닥칠지 모른다. 만약 내가 죽거든 화장을 하라"고 말했다. 아버지가 이렇게 말한 것은, 아버지 사업이 잘 안 되었을 때 주위 사람들이 "조상 산소를 잘못 쓴 것이 아니냐?" 하고 말한 것이 마음에 짐이 되어 '행여나 자신의 산소 때문에 이러쿵저러쿵 하는 말이 나오게 해서는 안 되겠다'는 생각이 결정적 계기가 된 것 같았다.

　평소 아버지께서 화장을 하라고 강조하였지만, 막상 닥치고 보니 아들들은 자식 된 도리로서 묘지를 주장했다. 이때 어머니가 "죽은 사람 평소 소원도 못 들어주느냐?" 하면서 강력히 아버지 뜻대로 할 것을 주장하여 화장으로 결정되었다.

　장례일, 화장장의 활활 타오르는 불길 속에 아버지의 시신이 누워있는 관이 들어가고 철문이 닫혔다. 어머니는 철문 앞에서 아버지의 시신이 뼈가 되어 나오는 시간까지 구슬픈 통곡이나 넋두리가 아니라 덤덤한 표정으로 노래를 불렀다. "즐겁게 노래를 불러야 아버지께서 천당으로 간다"고 하면서….

　어머니가 노래 부르는 모습을 자식들이 본 것은 그때가 처음이자 마지막이었다. 어머니는 버스 안에서 노래 부르는 그 흔한 효도관광을 한 적도 없고, 언젠가 식구들과 함께 노래방에 갔을 때에도 박수만 쳤을 따름이다.

40대 초반의 막내아들이 잠을 자다가 심장마비로 세상을 떠났다. 어머니에게는 항상 마음 아린 막내아들이었다. 어머니는 장례 기간 동안 내내 막내아들의 이름을 부르며 "어떡하지…. 어떡하지…."만 되풀이 했다.

공원묘지에 묻는 날, 어머니는 정신이 없는 가운데서도 관 위에 흙을 뿌리고 난 다음에 돌을 골라내어 발로 단단히 밟으며 "잘 가라…. 갈 가라…. 아버지 만나겠네. 아버지 만나겠네."만을 연발했다.

팔순을 맞이하기까지 그동안 어머니는 매일 화장을 하면서 흐트러진 모습을 보이지 않았다. 그래야 자식들이 욕을 먹지 않는다고 하면서….

어머니는 평생 자식만을 생각하고 위하는 삶을 살았다. 그동안 자식들이 회갑이나 칠순 잔치를 권해도 "너희 아버지도 없는데…" 하면서 완강하게 거부했다. 형제들은 어머니의 고집을 꺾고 팔순 잔치를 마련하기로 했다.

장남이 팔순 잔치 전날 어머니에게 휴대폰 문자 메시지를 보냈다.

어머니, 사랑합니다. 그리고 이 세상에서 가장 존경합니다.

어머니는 철문 앞에서
아버지의 시신이 뼈가 되어 나오는 시간까지
구슬픈 통곡이나 넋두리가 아니라
덤덤한 표정으로 노래를 불렀다.

친정엄마

아들은 돌이 지나도록 제 또래의 아이들은 아장아장 걸어 다니는데 날마다 기어 다니기만 했다. 그때마다 엄마는 불구가 아닐까 싶어 별 방정맞은 생각을 다하며 미리 사 둔 노란 운동화를 가슴에 안고 애를 태웠다. 제발 우리 아들이 이 신을 신고 아장아장 걸을 수 있도록 해달라고 간절히 기도했었다.

    그러한 엄마의 기도가 헛되지 않았는지 개나리꽃이 예쁘게 피던 날 아들은 걸음마를 시작했다. 그제야 엄마는 정상아를 낳았다는 생각에 감격했었다.

    발육이 늦은 아이는 전적으로 엄마한테 책임이 있다는 말에

동감하고 유아서적을 사서 하루의 상당한 시간을 함께 보내며 가르쳤다. 그런데도 진전이 없으면 혹시 이 아이가 저능아가 아닌가 하는 불안감이 있었다. 그러다가도 말귀를 알아듣고 사물을 정확하게 판단하는 걸 보면서 그때서야 안도의 숨을 내쉬곤 했다.

엄마는 이런 아이를 데리고 우체국에 볼일을 보러갔다. 혼잡한 우체국 소파에 아이를 앉히고 아이에게 단단히 일렀다.

"어디 가지 말고 엄마 올 때까지 이 자리에 가만히 앉아 기다려라."

"네."

야무지게 대답하는 아이에게 거듭거듭 다짐을 받았다.

볼일을 마치고 아이가 있던 자리에 가보니 아뿔싸! 아이가 없었다. 다급하게 아이의 이름을 부르며 우체국 안팎을 샅샅이 찾아보았는데도 없었다. 그날따라 명찰도 달아주지 않았다.

엄마는 반 울음 섞인 목소리로 아무나 붙들고 물었다.

"혹시 청색 원피스를 입은 세 살 가량의 남자아이를 못 보셨나요?"

급기야 면사무소로 가서 방송을 부탁했다.

아이의 울음소리가 들리는 듯 귓전에 맴돌았다. 두 손으로 가슴을 꼭 누르고 감정을 진정시키고 있는데 면사무소 직원이 말을 건넸다.

"혹시 집으로 가지 않았을까요?"

우체국에서 집까지는 상당한 거리라서 아이가 집을 찾아간다는 것은 무리라고 생각했다. 그래도 혹시나 하는 생각에 단숨에 집으로 뛰어왔다. 막 대문을 들어서는데 아이가 "엄마!" 하며 뛰어나와 안겼다.

아이는 자신을 끌어안고 어쩔 줄 몰라 하는 엄마 품을 빠져나와 쏜살같이 툇마루로 올라서 냉장고 문을 열며 무언가를 꺼내어 엄마에게 건넸다.

"엄마, 이 감 먹어요."

아이는 마당에 떨어진 아직은 떫은 땡감 두 개를 주워 냉장고에 간직하고 있다가 엄마를 기다렸던 것이었다. 엄마는 속으로 생각했다.

'떫은 땡감이 이산화탄소와 수분을 흡수하고 홍시가 되듯이, 이 아이도 엄마의 사랑과 견문을 흡수하며 어느 시기가 되면 영특한 아이로 성장해 가겠지….'

아들이 네 살 되던 해 여름이었다. 그날은 가까운 친척집 이사를 도우러 갔었다. 아들은 엄마 뒤를 졸랑거리며 2층까지 따라왔다. 그때 '탕!' 하는 소리와 함께 옆에 있던 아들이 없어졌다.

엄마는 정신없이 2층 계단을 내려갔다. 시멘트 바닥 마당에 아들이 떨어져 있었다. 죽은 듯 움직이지 않았다. 아들을 끌어안고 머리며 팔다리를 미친 듯이 주무르면서 불러도 대답이 없었다. 가슴에 귀를 대보니 펄떡펄떡 빠르게 뛰고 있었다. 아들은 살아있었다. 2층에서 떨어졌는데도 몸 어디에도 티끌만큼의 상처도 멍든 데도 없었다. 병원에 가서 뇌 검사를 받아보니 아무 이상이 없었다. 엄마는 감사의 기도를 했다.

그날 이후 엄마는 사고는 순간적이라는 생각에 아이 혼자 두지 않으려고 노력했다. 그러나 사고가 있은 두 달 후에 아들이 넘어져서 무릎을 다쳤다. 처음엔 상처를 대수롭지 않게 여기고 약만 발라 주었다.

그런데 여름이라 그런지 다친 부위가 좀처럼 낫지 않고 더 커져만 갔다. 병원에 가니 의사가 수술을 하자고 했다. 엄마는 또다시 가슴이 철렁 내려앉으며 무서웠다.

수술대 위에 누운 아들은 고통을 참지 못해 바락바락 소리 지르며 몸부림쳤다. 무려 70여 일 동안 세 번씩이나 재수술을 받고서야 겨우 나았다.

엄마는 아이를 키우면서 마음 졸이고 힘든 과정을 겪으면서 9남매를 낳아 기른 친정엄마를 생각했다.

'잠시인들 편한 때가 있었을까? 올망졸망한 9남매를 키우면서 자식이 아플 때 얼마나 애를 태우셨는지…. 우리 남매들이 감기 몸살이라도 걸리면 열을 내리게 한다고 밤새껏 수건에 물을 적셔 머리에 대 주시던 엄마…. 많은 자식들로 바람 잘 날이 없어서 자식 걱정에 편안한 삶을 보내지 못하고 돌아가신 엄마….'

엄마는 친정엄마의 그 뜨거운 모성을 떠올리며 아들을 열심히 키우리라 마음을 굳게 먹었다.

너는 알지

아버지가 없는 딸에게 친구 아버지가 돌아가셨다는 연락이 왔다. 난로에 석유를 넣다가 불이 붙어 그 불을 끄다가 변을 당했다는 것이었다. 아버지 생각이 간절한 딸에게는 남의 일 같지 않았다.

    2년 전 딸의 아버지는 등산을 갔다가 갑자기 심장마비가 일어나 세상을 떠났다.
    아버지가 살아 계실 때 딸의 가정은 단란하고 즐거운 나날의 연속이었다. 남동생과 어머니, 그리고 아버지와 딸이 편을 나눠 정월이면 밤새도록 윷놀이를 했고, 새벽이면 떡국을 끓여먹었다. 다 큰 아이들이 그리도 대견스러운지 아버지는 마냥 함께 다니길 좋아했다. 그래서 두 남매는 가족 행사에 결코 빠지는 일이 없었다. 옷이며, 구두며, 심지어는 머리핀까지 사다주던 자상한 아버지였으며 퇴근길엔 집으로 전화해 "시장 뭐 봐 갈까?" 하던 다정한 아버지였다.

아버지가 돌아가시던 날, 어머니와 딸은 임종도 지켜보지 못한 채, 싸늘한 아버지의 시신을 대학병원 영안실에서 찾았다. 너무 놀라 혼절하다시피 한 어머니 앞에서 딸이 할 수 있는 일은 우는 일이 아니란 걸 알았다.

다른 사람은 몰라도 어머니 앞에서는 나약한 딸의 모습을 이제부터는 보이지 말아야한다는 생각이 딸을 더 냉정하게 했다. 아무도 자신을 이해할 수 없다고 생각했다. 그리고 자신이 느끼는 그 큰 고독은 다른 사람들의 '안됐다'는 시선으로 다 채워질 수 없는 것이었다.

쉰도 안 된 젊은 나이에 아버지가 돌아가신 데 대하여 주위의 모든 사람들이 놀라고 가슴 아파 했지만 어머니의 아픔을 대신할 만한 것은 아무 것도 없다는 생각에 딸의 가슴은 더 저미었다.

삶에 대한 희망을 잃은 어머니의 모습은 남편의 죽음이라는 큰 이별을 더욱 가슴 아프게 했다. 딸은 어머니를 위로했다

"엄마, 힘내세요. 이 세상 사람들이 사랑하는 사람을 따라 다 죽는다면 이 세상엔 한 사람도 남아있지 않을 거예요. 죽은 사람에 대한 사랑이 크다면, 산 사람에 대한 사랑 또한 클 테니까요. 엄마의 반이 아버지에 대한 사랑이었다면 나머지 반은 저희들에 대한 사랑으로 열심히 사는 거예요. 그래도 우리 행복했잖아요. 세상에 평생토록 불행하게 사는 사람도 많은데…. 아버지가 하늘에서 우리가 힘없이 아파하는 모습을 보시면 속상해 하실 거예요. 사람은 모두 한 번은 죽게 되잖아요. 고달픈 세상살이에서 이제 아버지께서 영원한 안식으로 들어갔다고 생각하면서 살아요. 엄마…"

그러자 어머니는 또 울음을 터뜨렸고 어머니 모습 또한 자꾸만 야위어 갔다.

딸과 동생, 두 남매는 아버지 사진 앞에서 손을 잡고 약속했다.
"엄마를 세상 어느 엄마보다도 행복하게 해 드리자고…"

그런 지 2년이 흘렀다. 그 2년이란 세월은 아버지의 자리가 얼마나 큰 부분이었음을 절실하게 느끼게 만든 시간이었다. 딸에게 있어 결혼 말이 나와도 취직을 하려해도 모든 것이 어려움으로 부딪쳐왔다. 병든 아버지라도 계시기만 하면 좋겠다는 생각이 뼈저리게 느껴지던 날들이었다.

상을 당한 친구를 찾아갔을 때, 친구가 딸에게 다가와 울먹이며 말했다.

"너는 알지, 너는 알지, 다른 사람은 몰라도 너는 알지."

딸은 울먹이는 친구를 안고 소리 내어 울었다. 그동안 안으로만 삭여왔던 슬픔까지 함께 나누며 서럽게 울었다.

"힘내서 살아야지. 나도 이렇게 잘 지내고 있잖니. 엄마에게 잘해 드리자. 우리…."

이별 연습

얼마 전에 이 세상을 뜬 아들을 가슴에 묻은 친정엄마는 눈물이 마를 날이 없었다. 이제는 여든이 가까워진 친정엄마의 건강이 슬픔으로 무척이나 쇠약해졌음을 보고 딸은 안타까워했다. 엄마는 시간만 나면 자식을 앞세운 자신을 한탄하면서 넋두리를 했다.

"빨리 내 새끼 옆으로 가야 할 텐데…. 가야 할 텐데…."

그러한 엄마를 보면서 딸은 출가외인이라는 핑계로 친정엄마에게 무심했던 자신을 자책했다. 딸은 친정엄마를 모시고 싶었다. 돌아가시기 전에 한 번이라도 엄마를 모시고 살아보고 싶다는 소망에 딸이 남편에게 말했다.

"여보, 오빠가 돌아가시고 많은 것을 느꼈어요. 사람이란 서로 살아있을 때에는 대충대충 정을 나누는 것 같아요. 바쁜 일도 없으면서 말이에요. 그런데 막상 죽음으로 이별하게 되니 가슴 아픈 아쉬움으로 남게 되네요."

아내의 마음을 알아차린 남편은 장모님을 모시고 왔다. 딸은 너무 기뻤고 남편이 고마웠다.

딸은 모처럼 친정엄마와 다정히 앉아 정담을 나누었다. 엄마는 자신의 유년 시절을 떠올리기도 하고, 아버지가 엄마를 선보러 왔을 때 숨어서 새신랑 될 사람을 훔쳐보던 일화도 들려주었다. 그러면서 고추당초처럼 맵디맵던 시집살이의 서러움을 떠올리기도 했다.

"내가 딸인 너를 낳고 첫 미역국을 손수 끓여 먹었어. 기저귀도 빗물을 받아 빨았지."

딸은 친정엄마에게 공연히 송구스럽고 그 진한 모정에 코끝이 찡해왔다.

엄마는 말벗이 그리웠다. 엄마의 이야기는 이미 몇 번씩이나 들은 것들이어서 어떤 때는 건성으로 들으며 대꾸를 해도 마냥 즐거워했다.

딸은 친정엄마에게 짐짓 어린애가 되어보았다. 때로는 한 이부

자리에 누워 엄마의 젖가슴을 어루만지며 잠도 잤다. 엄마의 굽은 허리, 앙상한 몸매, 고르지 못한 숨소리가 마음을 아프게 하지만 그래도 엄마가 곁에 계시다는 게 다행스럽고 든든했다.

　햇볕이 따뜻한 날에 딸은 주섬주섬 먹을 것을 챙겨 엄마와 함께 산책 나갈 채비를 했다. 엄마는 거울 앞에 앉아 단정히 빗질한 머리에 동백기름을 바르고 집에서는 불편하다고 쓰지도 않던 안경을 걸치면서 치장을 했다.
　엄마와의 산책은 집 앞에 있는 공원이지만 지팡이에 의지해 걷는 발걸음은 십리 길과도 같았다. 집안에서는 딸이 엄마라 부르며 어리광을 부리지만 집밖에 나오면 이제는 딸이 엄마의 보호자가 되어야 했다.
　공원에는 따사로운 봄 햇빛을 맞으며 노인들이 하나 둘 모여 앉아 쉬고 있는 모습이 보였다. 서로 외로움을 꺼내어 나누고 아픔을 위로하며 떠날 날을 이야기하고 있는 것 같았다.
　딸은 엄마와 공원벤치에 나란히 앉아 하늘을 바라보았다. 하늘에는 마치 인생의 만남과 영원한 이별을 상징하듯 갖가지 모양의 구름들이 모였다가는 흩어지고, 흩어졌다가는 다시 모여 어디론가 흘러갔다.

　영정사진을 찍어두고 싶다는 엄마의 성화에 딸은 마지못해 사진관을 찾았다.

"엄마 왜 괜히 사진을 찍으시려고 그래요?"

"그래도 지금처럼 괜찮을 때 찍어둬야지. 그래야 장례식 때 손님들이 와서 사진을 보더라도 너희들의 체면도 괜찮지 않겠니?"

딸은 엄마가 사후에 자식들의 체면까지 생각하는 말을 듣고 가슴이 아려왔다. 딸은 새삼 더 엄마에 대해 애틋한 심정이 들면서 여러 생각과 느낌이 들었다.

'인생이란 결국에는 손에 쥔 것 다 남겨주고 떠나는 낙엽과도 같다. 떨어진 낙엽이 거름이 되어 다음해 봄에 다시 새싹을 틔우듯, 어쩌면 그 낙엽 같은 엄마의 인생 때문에 자신이 살아가고, 자신의 자식들도 살아가는 것이리라.'

딸은 머지않아 친정엄마와의 이별을 마음속으로 준비하면서 엄마가 돌아가시고 난 뒤에 아쉬움이 남지 않도록 하고 싶었다. 엄마가 자신에게 있어서 얼마나 소중한 존재인가를 인식하고 후회가 남지 없도록 살아생전에 최선을 다할 것을 다짐했다.

"사람이란
서로 살아있을 때에는 대충대충 정을 나누는 것 같아요.
바쁜 일도 없으면서 말이에요.
그런데 막상 죽음으로 이별하게 되니까
가슴 아픈 아쉬움으로 남게 되네요."

하늘에 계신 어머니께

　어머니 저에요. 어머니에게 있어 유일한 자식인 아들입니다.
　어머니가 우리 곁을 떠나고 나니 어머니 생각이 너무 많이 나서 견딜 수가 없어요. 어머니 생각만 하면 눈물이 핑 돌곤 합니다.

　저에게 있어서 어머니가 떠올려지는 건, 제가 고등학교 때 대학입시를 앞두고 공부할 때입니다. 제가 잘 때까지 어머니는 주무시지 않고 수시로 간식을 주시던 것이 생각이 납니다. 그 생각만 하면 다시금 그때로 되돌아가고픈 마음과 함께 정말 어머니가 그리워집니다.
　제가 대학에 합격하자 누구보다도 더 기뻐하신 사람은 어머니셨지요. 합격자 발표 다음날 아버지와 어머니와 함께 외식을 하고 뮤지컬을 보았습니다. 그때 어머니는 저에게 "이제 대학생이 되었으니 문화생활도 즐기면서 다방면의 경험을 쌓아야 한다"고 격려하셨지요. 그리고 백화점에서 대학생에 어울리는 옷과 물건들을 사주셨습니다. 그날 어머니는 기쁜 표정을 지으면서 아버지 팔이 아니라 제 팔짱을 끼고 돌아다녔지요.

제가 대학생활을 하는 동안 친구처럼 어머니의 대학 시절 경험을 들려주셨습니다. 그러던 어머니께서 갑자기 복통을 일으켜 응급실로 옮겨진 후에 위암 말기 판정을 받았습니다. 어머니는 항암 치료를 받아 머리가 다 빠졌는데도 유머를 잃지 않으셨지요.

퇴원하여 침대에 누워계실 때에 멍하니 벽을 향해 계시거나 천장을 바라보고 계시는 모습에 마음이 아팠습니다. 어머니께서 누워 계신 방을 지나갈 때면 어머니의 인기척을 확인하고 안도하곤 했지요.

제가 아무리 어머니를 사랑하는 자식이라고 하지만 어머니가 겪은 고통을 얼마나 느끼고 이해했는지 모르겠습니다. 암이란 사람을 참 바보로 만드는 것 같았습니다. 암세포가 어머니 뇌까지 번져서 마지막에는 어린아이처럼 행동하셨지요. 그 모습을 보기란 참 힘들었는데…. 지금은 그 모습만이라도 그리워집니다. 아프다고 소리치면서 누워만 계셔도 좋겠다는 생각을 해요. 그런데 이제는 그 침대가 너무너무 썰렁해져서….

이제 어머니는 동영상과 사진으로만 볼 수 있습니다. 그것을 볼 때마다 사무치도록 그리워요. 어머니는 정말 예쁘게 웃고 있는데….

어머니, 어머니가 관에 들어가기 전에 어머니에게 귀고리를 끼워줬어요. 어머니 몸이 퍼렇고 차갑게 되어 이미 아무것도 느끼지 못하는데도 나는 내가 혹시나 아프게 끼울까봐 제대로 하지도 못했어요. 그래서 결국 아버지께서 하셨는데 나처럼 서툴지 않았어요.

어머니가 땅속에 묻힐 때는 그 속에 어머니가 눕는다는 것이 전혀 실감이 나질 않았어요. 언젠가 어머니께서 내 방문을 열고 "과일 가져 왔다"라고 말할 것만 같아요. 어머니께서 어디 멀리 장기간 여행이라도 갔다고 상상을 해보지만 그것도 잠시일 뿐 그리움이 더욱 사무치네요.

사망신고를 했어요. 그럼 어머니는 이 세상에서 없는 사람이 되는 건가요? 이것을 인정하고 받아들이기가 너무나 힘이 드네요.

어머니께서 "내가 이 세상에 없어도 사람들은 전부다 똑같이 살아가겠지"라고 말씀하셨지요. 전 아니라고 대답했는데 정말로 어머니 말씀처럼 돌아가는 것 같아요. 다 그대론데 어머니만 안 계세요.

어머니, 하늘나라에서는 안 아프고 잘 지내시죠? 이제 옆구리도 안 댕기고 숨도 잘 쉬시죠? 호흡기 때문에 콧속이 헐거나 움직이지 못해 엉덩이에 욕창이 생기지도 않죠?

어머니가 그립고 보고 싶어 어떻게 견뎌야 할지 모르겠어요. 하지만 아버지를 위로하면서 열심히 살아갈 거예요. 이런 내 모습을 하늘에서 꼭 지켜봐 주세요.

어머니! 어머니! 이렇게 정겹고 좋은 단어인 걸 이제야 느꼈어요. 어머니, 보고 싶고 그립습니다. 영원히 사랑합니다.

패밀리Family란 단어는

한마을에 가까이 살고 있으면서도 너무나 다르게 살아가는 두 가족이 있었다.

한 집은 서로 의지하며 행복하게 살아가는 데 반해, 다른 집은 하루가 멀다 하고 가족끼리 아옹다옹 다투며 살았다. 늘 다투는 가족이 하루는 이대로는 안 되겠다고 생각했던지 다정한 가족을 본받기 위해 그 집을 방문했다.

"우리는 가족끼리 하루가 멀다 하고 다투는데, 어떻게 하면 이 집처럼 행복으로 가득 찬 가정이 될 수 있습니까?"

"글쎄요, 우리는 평생 다툴 일이 없는데요."

마침 행복한 가정의 딸이 방문한 손님들을 대접하기 위해 차를 내오다가 그만 접시를 깨뜨리고 말았다.

"어머, 죄송해요. 제가 조심하지 못해서 이런 일이 일어났어요."

옆에서 지켜보고 있던 엄마가 유리 조각을 주워 담으며 말했다.

"아니란다. 이 엄마가 하필이면 그런 곳에 접시를 둔 탓이지."

그 말을 들은 아버지가 말했다.

"아니오, 내가 그만 깜박 잊어버렸소. 미안하오."

늘 다투는 집의 가족들은 그들의 대화를 듣고는 뭔가 깨달은 듯이 고개를 끄덕이며 조용히 일어났다.

"정말 행복은 가까이 있었군요. 우리는 그동안 나 자신보다는 상대방의 탓만 하고 지냈습니다. 하지만 이제부터는 그런 일이 없을 겁니다. 우리도 사랑이 무엇인지 알게 되었으니까요."

가족(Family)이란 단어는 '아버지, 어머니, 나는 그대를 사랑합니다(Father, Mother, I love you).'라는 문장에서 각 단어의 첫 글자를 합성한 것이다. 아무리 사람 사는 방식이 달라진다 해도 하루일과를 마치고 집으로 돌아와 가족들과 함께 지내는 시간이 삶의 온기를 불어 넣어준다는 사실은 변할 수가 없을 것이다.

사랑과 웃음이 그 집안의 공기가 되는 가족이야말로 행복한 가족이다. 서로가 서로를 이해하고 아껴 주는 가족이야말로 행복한 보금자리의 주인들인 것이다.

| 에필로그 |

내 생애 최고의 여행

이 책 《엄마가 미안해》를 탈고하고 나서 팔순이 넘은 어머니를 형수와 함께 모시고 세 사람이 4박5일 동안 '어머니가 간절히 원하는 여행'을 떠났습니다. 정말로 벼르고 벼르던 여행이었습니다.

 책을 통해 어머니와의 사랑을 강조하는 나 자신이 정작 어머니가 그토록 원하는 여행을 선뜻 나서지 않고 '형님 내외가 함께 하시겠지' 하면서 차일피일 미룬 것이 못내 부끄럽기도 하고 때로는 '위선자가 아닌가?' 하는 생각이 들 정도였습니다.

 어머니가 이토록 간절히 바라는 여행은 관광이 아니라 친정 부모 산소와 시부모 산소에 가보는 것이었습니다. 나에게 있어서는 외조부모와 친조부모이지요.

 어머니는 7년 전에 퇴행성관절염으로 1년 간격으로 두 다리에 인공관절 수술을 하였습니다. 수술 전에 어머니는 매년 현지 인부를 데리고 일일이 성묘를 다녔습니다. "조상 산소를 잘 돌보아야 자손들이 잘 된다."고 하면서 말입니다. 수술을 하신 후에는 현지에 있는 인척에게 돈을 보내어 성묘를 하게 했습니다.

어머니는 수술 후에 아침마다 걷기 운동을 하며 재활에 나섰습니다. 그 결과 웬만큼 걸을 수 있게 되자 3년 전부터 조상 산소에 함께 가자고 여러 차례 말했습니다. 그럼에도 이런 저런 일들이 구실이 되어 차일피일 미루어진 것입니다.

이렇게 세월이 흐른 후에야 이번에 어머니가 그렇게 바라던 여행을 떠나게 된 것이지요. 차로 한참을 달려 어머니가 결혼하여 자식들을 낳고 키우던 도시에 도착했습니다. 나 자신이 청소년기까지 보내던 곳이라 여러 가지 감회가 들었습니다. 함께 저녁식사를 하고 난 어머니는 흐뭇한 표정이었습니다.

하룻밤을 묵은 후 우리가 살던 동네를 둘러보고 점심식사를 한 후 산소가 있는 어머니의 고향이자 아버지의 고향으로 향했습니다. 먼저 어머니가 살던 시골 마을로 가서 어머니의 친정어머니인 외할머니 산소에 가기로 했습니다. 그런데 산소를 돌봐주던 인척이 일을 보기 위해 도시로 나갔기 때문에 안내를 받을 수 없었습니다.

어머니는 예전의 기억을 되살려 산소를 찾아 나섰습니다. 온전치 못한 다리임에도 불구하고 등산 스틱에 의지하여 한발 한발 내디뎠습니다. 한참을 올라갔지만 조그마한 나무들이 자라서 길을 가로막고 있었습니다.

어머니는 "이 길이 맞는 것 같은데…" 하며 초조해 하는 표정이 역력했습니다. 겨울이라 이내 어둑어둑해졌습니다. 결국 산소 찾는 것을 포기하고 하산할 수밖에 없었습니다. 어머니는 못내 아쉬워하면서 산을 향해서 소리쳤습니다.

"어머니! 산소를 못 찾고 그냥 갑니다. 그래도 왔다가는 성의만 받아주세요."

그렇게 올라갈 때 잘 걷던 어머니가 힘이 없어 보여 부축해 드렸습니다.

한 시간을 달려 시내로 나와 저녁식사를 할 때부터 숙소에서 자기 전까지 어머니는 마치 이야기 봇물이 터진 듯 많은 말을 했습니다. 어릴 때 자라던 이야기, 시집와서 고생하던 이야기, 자식들을 낳고 기르던 이야기 등 어머니의 생을 정리하는 자서전과 같은 내용이었습니다. 나는 흥미진진한 이야기를 듣는 표정과 함께 때때로 열심히 맞장구를 쳤습니다.

다음날 아침에 일어나보니 어머니는 어제 그렇게 산소를 찾기 위해 산을 헤매었는데도 피곤한 기색이 전혀 없었습니다. 내가 어머니에게 제안했습니다.

"어머니, 오늘 다시 한 번 외할머니와 외할아버지 산소를 찾아 보는 게 어때요? 오늘 할아버지와 할머니 산소를 가기로 했지만 하루 더 연장하여 내일 가면 되죠."

어머니는 반색을 하며 좋아했습니다. 다시 친정어머니 산소를 찾아 나섰습니다. 마침 도시에 일을 보러간 성묘를 해 주던 인척과 통화가 되어 산소 위치를 대충 알 수 있었습니다. 어머니는 어디서 기운이 났는지 잘도 걸었습니다. 어제 어머니가 가다가 돌아온 지점에서 조금만 올라가면 되는 곳이었습니다.

어머니는 친정어머니 산소를 찾고 나서 그 표정이 그렇게 좋아 보일 수가 없었습니다. 아마도 내가 지금까지 본 어머니의 표정 중에서 가장 밝았습니다. 친정어머니 산소 주변의 풀을 손으로 뽑으면서 눈물을 흘리며 말했습니다.

"엄마, 너무 오랜만에 엄마라고 불러보는 것을 용서하세요. 시집와서 엄마에게 효도 한 번 못했는데 일찍 돌아가시고…. 엄마, 이제 이렇게 오는 것도 마지막입니다. 나도 이렇게 늙어서…. 엄마, 이제 하늘에서 만나요. 잘 있으시고…"

나는 평소 담담하던 어머니의 모습에서 생소함을 느끼면서 '팔순이 넘은 어머니도 가슴속 깊이 엄마란 존재가 자리 잡고 있었구나!' 하는 생각이 들었습니다.

눈시울이 붉어지면서 어머니에게 "어머니 무슨 말씀이세요. 마지막이라뇨? 언제라도 어머니께서 원하실 때 또 오시면 되죠"라고 말했습니다.

조금 떨어져 있는 친정아버지 산소로 향했습니다. 가는 길은 풀과 나무로 묻혀있었습니다. 어머니는 그 험난한 길을 잘도 걸었습니다. 친정아버지 산소에 도착하여 애틋한 정을 넋두리 하듯이 말했습니다.

하산하여 어머니가 시집살이 하던 동네의 선창가에 가서 점심을 먹었습니다. 어머니는 감회에 젖어 당시의 여러 이야기를 들려주었습니다. 식사 후 어머니께 "오늘은 쉬시고 내일 할아버지·할머니 산소에 가시죠" 하고 말했지만 "괜찮다. 오늘 가자"고 했습니다.

서둘러 시아버지 산소에 갔습니다. 어머니가 결혼하기 1년 전에 시아버지가 돌아가신지라 어머니는 사진 속에서만 시아버지의 얼굴을 보았을 뿐입니다. 그런데도 어머니는 산소에서 며느리로서의 예를 다했습니다.

어머니와 함께 차로 한 시간 이상 떨어진 인근 도시에 있는 할머니 산소로 향했습니다. 오르막이 가팔랐고 험난한 길이었습니다. 성묘를 해주던 사람과는 연락이 되지 않아 올라가면서 '어머니께서 찾을 수 있을까? 찾을 수 있다고 해도 가실 수조차 있을까?' 하는 생각이 들 정도였습니다.

걷다가 쉬다가를 반복하면서 어머니는 산소를 찾아냈습니다. 어머니는 시어머니 산소를 어루만지면서 감사함과 애틋한 사랑을 표했습니다. 그러면서 울먹이며 35년 전 돌아가신 남편인 아버지를 거론했습니다.

"어머니, 그렇게 귀여워 해주던 막내며느리가 왔습니다. 오랜만에 어머니를 찾아와서 용서해 주세요. 그리고 그렇게 좋아하던 막내아들도 만나셨지요? 같이 잘 지내고 계시지요. 제발 손자들과 증손자들 다 잘되게 도와주세요. 어머니, 이제 나도 나이가 들어 이렇게 오는 것도 마지막입니다. 어머니, 얼마 있다가 저 하늘에서 만나요."

어머니는 한참동안 산소에 머물렀습니다. 하산하면서 다른 후손들이 산소를 돌보지 않아 무덤 위에 나무가 자란 것을 보고 "내 유언인데 나도 너희 아버지처럼 화장해서 이 고향 땅에 뿌려라" 하고 말했습니다.

하산한 어머니의 모습에서 홀가분함을 느낄 수 있었습니다. 무언가를 내려놓은 듯한 표정이었습니다.

저녁식사 후 차를 달려 다시 어머니가 자식들을 키우던 도시로 향했습니다. 도시의 야경을 둘러보고 늦은 시간에 숙소에 들어왔습니다. 아침에 일어나니 어머니는 벌써 화장까지 마친 다음이었습니다.

지역 특산물로 만든 식사를 하면서 어머니는 향수를 느끼는 것 같았습니다. 재래시장을 걸으면서 길거리에서 파는 바늘귀에

실을 집어넣는 것도 사고, 어머니께서 예전에 들렀던 가게에서 머리염색약도 사고, 편하게 신는 신발도 사고, 시장 안 길거리에서 파는 단팥죽도 먹었습니다.

젊은이들이 드나드는 커피 체인점에 들러 음료수를 마시고 피자 체인점에도 들러 피자를 먹었습니다. 어머니께서 그렇게 피자를 잘 드실 줄 몰랐습니다. 젊은 내 자식뿐만 아니라 팔순이 넘은 어머니께서도 피자를 좋아한다는 사실에 평소 대접하지 못한 것이 죄송스러웠습니다.

유람선이 있는 바다로 향했습니다. 배가 움직이자 갈매기들이 과자를 먹으려고 떼를 지어 따라왔습니다. 어머니에게 배 위에서 파는 과자를 사드리니 과자를 갈매기에게 주면서 그렇게 즐거워할 수가 없었습니다. 소녀처럼 즐거워하였습니다.

평소에는 "늙은 사람 사진 찍어서 뭐 하는데…" 하며 사진 찍기를 좋아하지 않는 어머니는 뜻밖에도 "갈매기와 함께 나오는 장면을 찍으라"고 하여 스마트폰으로 찍으면서 '팔순이 넘은 어머니에게 저런 소녀의 감성이 있구나' 하는 생각이 들면서 '그런데도 왜 이런 기회를 자주 만들지 못했을까?' 하는 후회가 가슴을 짓눌렀습니다.

배에서 내려 관광 도로를 드라이브한 다음에 어머니께서 예전에 즐겨 드셨다고 하는 '멸치회'를 먹었는데 그렇게 맛있게 드시는 모습을 본 적이 없었습니다. 초강행군을 한 여행인지라 어머니의 건강을 염려한 나는 어머니에게 물었습니다.

"어머니 더 가보고 싶거나 더 드시고 싶은 것 있으면 부담 갖지 마시고 말씀하세요. 며칠 더 여행해도 됩니다."

어머니와 형수가 이제 집으로 가자고 하여 12시가 넘은 시간에 어머니가 사는 형 집에 도착했습니다. 어머니께 "피곤하지 않으세요?" 하고 물었더니 "전혀 피곤하지 않다"는 말을 듣고 생각했습니다.

'이렇게 강행군을 했는데도 무슨 힘이 어디에서 나서 이토록 팔순이 넘은 어머니를 피곤하게 하지 않은 것일까?'

다음날 아침식사를 마치고 또다시 세 사람이 인근 온천으로 향했습니다. 온천을 마치고 나서 식사를 한 후 집으로 향하는 차 안에서 어머니가 나를 향해 "고맙다. 정말 고맙다"를 연발했습니다. 나는 "뭘요. 당연한 일을 가지고 자식한테 고맙다고 하는 게 아닙니다. 어머니, 이제 자주 함께 여행하기로 해요" 하고 말했습니다.

어머니를 모셔다 드리고 집으로 향하는 내 마음이 그렇게 충만할 수 없었습니다. '내 생애 최고의 여행이었다'라고 생각하면서 후회와 반성과 함께 앞으로 상황이 허락하는 한 어머니와 여행을 해야겠다고 다짐했습니다.

P.S.

지금 그대의 어머니가 생존해 계신다면 '어머니가 원하는 여행'을 함께 하세요. 실행하는 순간이 어머니 살아생전에 가장 빠를 때입니다.

직장 상사의 부모를 위한 잔치에는 눈도장을 찍기 위해 만사를 제쳐놓고 가고, 주변 사람이 부모상을 당하면 체면치레를 위해 먼 곳까지 달려가 밤새 문상을 하고, 퇴근 후 동료들과 술잔을 기울이는 쳇바퀴 도는 일상에 허우적대면서, 정작 가장 소중히 생각하고 보살펴야할 어머니에게는 소홀하지 않습니까?

시간을 낸다는 것, 여유를 가진다는 것, 돈을 쓴다는 것은 우선순위의 문제인 것 같습니다. 마음먹기에 달린 것이지요. 조그마한 관심과 배려가 어머니에게는 큰 기쁨으로 다가오는 것이더군요.

'자식은 효도하려 하나 어머니는 기다려주지 않는다'는 말이 있습니다. 지금 이 순간이 어머니가 가장 젊을 때이며 가장 건강할 때입니다. 돌아가시고 나서 후회의 눈물을 흘리지 않도록 여행할 수 있는 상황이 허락한다면 함께 여행하세요.

교훈적인 이야기나 충고가 아니라 '좀 더 빨리 어머니가 원하는 여행을 많이 했더라면' 하는 반성과 후회에서 우러난 말을 하는 것입니다.

"신은 모든 곳에 있을 수 없기에
어머니를 만들었다."